JN087071

ダイエットは頑張るな！

万年ダイエッターS子の実体験漫画──

Let's頑張ろ
あ〜あ・・・、
お腹いっぱい・・・
今日からダイエット頑張ろうと思ってたのにな〜・・・。
飲み会いく人ー!!
早くー
さすがー
はーい
夜のおやつまで買っちゃった…
S子（35）
W:58Kg H:159cm
某メーカー勤務
万年ダイエッター
さす

また明日から頑張るか・・・

なんでいつもこうなるかな〜。
頑張ろうとするとうまくいかない。
とぼ…
とぼ…

数日後
てく
てく
てく
え！私また、大きくなった？
ムチーン
ダイエット頑張るって決めたのに～・・・
ん？
新刊コーナー
ダイエットは頑張るな！
ダイエットは・・・頑張るな？
ダイエットは『頑張る』でしょ。
『頑張るな』って・・・。
思わず入店しちゃったよ…
頑張り不要のダイエット本入荷!!
STAFF
頑張り不要のチェックダイエット
頑張り不要のチェックダイエット・・・？

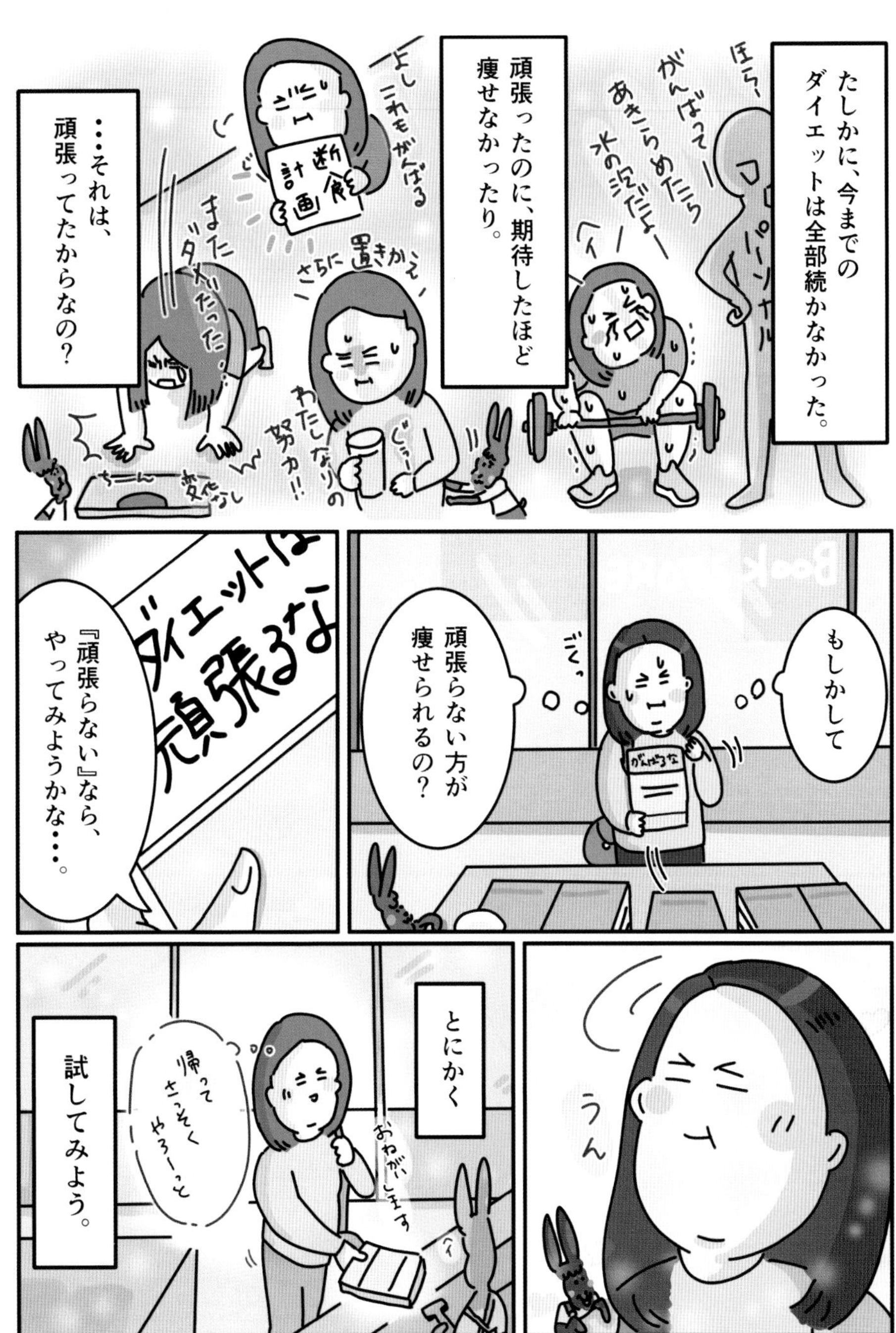
たしかに、今までのダイエットは全部続かなかった。
ほら、がんばってー
あきらめたら水の泡だよー
パーソナル
頑張ったのに、期待したほど痩せなかったり。
よし これもがんばる
断食計画
さらに置きかえ
わたしなりの努力!!
また ダメだった
変化なし
ちーん
・・・それは、頑張ってたからなの？
もしかして
頑張らない方が痩せられるの？
ダイエットは頑張るな
『頑張らない』なら、やってみようかな・・・。
とにかく
試してみよう。
帰ってさっそくやろーっと
おねがいします
うん

チェックポイントはコレ↓
朝食は食べない
水・お茶
ノンカロリー飲料OK
出勤
昼はサラダ
最近のサラダおしゃれ…
間食しない
あー今日はいいです
さし入れどーぞー
主食は食べない
夜は肉・魚・卵を中心に
ステーキたべるよー
good!
ジュ〜〜
動物性タンパク質
久し振りに湯船に浸かったら気持ちいい〜
うへー
腰まで
何〜かただ規則正しい生活してるだけって感じ。
下半身浴をする
12時前就寝
6時間以上の睡眠
明日会議だしねますか
yes
頑張らないルール、やってみたら案外平気だったな。
身体もいつも通り
これでいいのかな…。

57.
!!
減ってる?!
うそでしょ そう一日…
やっぱり へってる
たしかに、主食は抜いた。
でも、確実にいつもの倍、
いやそれ以上は食べた。
(何なら豪勢だ!)
お肉がっつり
もしかして、頑張らない
ルールの効果?
さすがにそんなわけ…。
ためしてるんだもんね～
ピ
…でも、
もしもそうなら…。
でもうれしくて
またのっちゃう…
せっかく体重も減ったし。
あと一日やろうかな。
ピ
yes!
私の身体は、
どう感じてる?

頑張り不要の
チェックリスト
試してみて
比べてみて
感じてみる
無理してない、かも。
good!
カラダで感じた事は
間違いじゃない。
フロ
さいこー
あともう一日、
やってみよう。
ブラック
コーヒーも
ありだな
もう頭で考えるの
やめよう。
今日も
たべない
モーニング
パン
頑張らない、から
出来るんじゃん!!
今日も
寝まーす!!
nice
なんで今まで
頑張ってたんだろう。

じゅう……
ん
たまらん
大特価
ヒレステーキ
あれから二週間。
案外続いている。
んまっ
頑張ってたら、
無理だったよね。
そーいえば
服ゆるく
なった……？
試しに
行きますか♪
かわいー
でも入るかな～
やってみるまで
わからない。
わー、
入った!!
試してみる
もんだー
やってみたから
わかるんだ。

二か月後
お待たせ〜！
After！
今度こそやせる〜
万年ダイエッター
before
お〜い
じゃ〜ん
え、S子、痩せた！
何やったの？
あの頃のアンタはどこ〜
『頑張らないダイエット』を、試しただけだよ。
がんばらない？
それどんなダイエット？私にも出来るかな？
何をしても続かない私にもできた。
大丈夫私もできた
ホント？ホントに？
『頑張らないチェックダイエット』
試してよかった。

はじめに

「ダイエットは頑張るな」というタイトルのこの本の一番のポイントは、頑張るダイエットでは挫折するということです。頑張るダイエットの反対側に頑張り不要のダイエットとしてチェックダイエットを開発しました。

わたしは東京中目黒でナカメ式下半身ダイエット専門整体サロン（通称ナカメサロン）を経営しています。1万4000人を越えるナカメサロンのお客さんの経験を基にチェックダイエット（通称ナカメダイエット）を開発しました。2ヶ月8回で2サイズダウンさせるためには、下半身を重点的にサイズダウンさせる特許取得の施術が必須ですが、同時に体脂肪を燃やすチェックダイエットも必要です。

2004年の開業初期の頃はお客さんに目標を立ててもらって計画的にダイエットしてもらっていました。ところが、お客さんは計画通りに痩せていかないのです。逆に頑張ることで挫折します。今思えば当たり前。身体はもっとも身近な自然物です。身体は機械のような人工物ではありません。想定通りには痩せないのです。

目標設定計画主義は想定通りになるものには通用しますが、身体は計画通りに痩せるわけはなかったのです。計画通りにしようとすると頑張りが必要になります。頑張ればダイエットがストレスになるから挫折してしまうのです。

頑張るダイエットで行き詰まった時に開発したのがチェックダイエット。目標と計画による頑張りではなく、痩せていくプロセスの仕組みと痩せるための仕掛けとしてチェックダイエットを考案しました。

チェックダイエットによって、ダイエットで最大の問題である痩せたい欲求と食べたい欲求の葛藤を解消しました。試してみて、感じてみて、比べてみるチェックダイエットによって頑張るダイエットを不要にしたのです。

痩せたいと思った時がダイエットの旬です。ダイエットの旬を逃さないように、あなたもこのチェックダイエットを試してみて頑張り不要のダイエットを実感してみませんか。

ダイエットは頑張るな

01 あなたがやってきたダイエットで痩せましたか。……18
02 頑張っても痩せないダイエット……20
03 頑張るのはボールをお風呂に沈めるのと同じ……22
04 やるダイエットは違っても意志で頑張ってやるのは同じ……24
05 日本人は「頑張ります！」が口癖だから……26
06 頑張るダイエットの元凶は目標設定計画主義……28
07 目標や計画を立てるからダイエットに失敗する……30
08 ダイエットの目標は持たない……32
09 意志が弱かったという言い訳……34
10 ダイエットなんかでストレスをためない……36
11 「痩せたいけど食べたい」をどうするか？……38
12 ダイエットのことを概念だけで知っても仕方がない……40
13 仕組みと仕掛けでやるチェックダイエット……42

14 チェックポイントを試すのに意志力は不要 …… 44
15 チェック表はマニュアルではない …… 46
16 この本でもダイエット情報を先に読まない …… 48

チェックダイエット

01 チェックダイエットの準備と心構え …… 52
02 チェックダイエット中は他人に話さない …… 54
03 チェックダイエットの1日は体重測定・チェックから始まる …… 56
04 12時前に寝たか？　6時間以上眠ったか？ …… 58
05 朝食を食べなかったか？ …… 60
06 間食しなかったか？ …… 62
07 主食を食べなかったか？ …… 64
08 昼食は、生野菜メインのサラダを食べたか？ …… 66
09 夕食は、肉・魚・卵食メインに食べたか？ …… 68

10 同食しなかったか？ …… 70

さらに痩せるために

01 「～しない」と決める …… 74
02 「～しよう」と決意しない …… 76
03 守れないルールがあっても自分を責めない …… 78
04 朝食・間食・主食による体脂肪燃焼の時間ロス …… 80
05 朝食を抜いて1日2食にするわけ …… 82
06 9時前に夕食をすませる …… 84
07 禁止食材はなし …… 86
08 糖質を厳しく制限する必要なし …… 88
09 カロリーの低そうな物ばかり食べない …… 90
10 好きな物や美味しい物は先に食べる …… 92
11 小腹が空いた時の間食はメリハリをつけて …… 94

12 間食に甘い物は本当に怖い …… 96
13 どうしても甘い物が欲しい時は? …… 98
14 胃袋をゴミ箱にしない …… 100
15 食べたい気持ちが募って食べるのなら中途半端に食べない …… 102
16 飲み物はノンカロリーの物を …… 104
17 飲み会食事会に出る場合は確信犯で …… 106
18 お酒は飲んでも大丈夫! …… 108
19 運動は必要条件とはしない …… 110
20 下半身浴をする …… 112

ダイエットで気になること

01 試着をしましょう! …… 116
02 セルライトについて …… 118
03 便秘について …… 120

04 生理前の体重増加について …… 122
05 生理について …… 124
06 産後のダイエット …… 126
07 更年期のダイエット …… 128
08 このダイエットには卒業がある …… 130
09 リバウンドの心配は不要 …… 132

Chapter 5

下半身太りを解消するためのダイエット

01 特許取得済みの下半身ダイエットシステム …… 136
02 食欲を抑制するためのダイエット整体 …… 138
03 下半身を重点的に痩せさせるサイズダウン整体 …… 140
04 綺麗に痩せるためのバランス整体 …… 142
05 親子3人の下半身ダイエットエピソード …… 144
06 スタッフは全員ナカメサロンの卒業生 …… 146

ダイエットチェック表

日付														
曜日														
生理日▲														
夜の体重														
朝の体重														
朝夕の体重差														

Kg

Kg

Kg

Kg

守れたルールは赤系のラインマーカーで塗りつぶして下さい。

日付														
曜日														
12時前に寝たか														
6時間以上眠ったか														
朝食食べなかったか														
間食しなかったか														
主食食べなかったか														
昼野菜食メインだったか														
夜肉魚食メインだったか														
间食しなかったか														

Chapter 01

ダイエットは頑張るな

Section 1-01

あなたがやってきたダイエットで痩せましたか。

世の中にはいろいろなダイエットがあります。

次から次へと流行りのダイエットがあったり、誰か有名人が痩せたりするとそのダイエットがブームになったりします。

摂取カロリーを抑えるダイエットなどいろいろ試してみても、ストレスもたまるし、どれもなかなか成果が現れず、結局長続きしないというような風潮の中、中目黒下半身ダイエット専門整体サロン（以下、ナカメサロン）に来店されるお客さんのダイエット失敗経験を聞くと、頑張っても成果がなかなか出なかったり、すぐに体重が元に戻ってしまうというような答えが返ってきます。あなたがやったダイエットで痩せましたか？　と聞くと、努力して体重を落としても、一定量までしか落ちず、結局しばらく経つと元の体重に戻ってしまうので、最近はダイエットに対して諦めモードになっていました、というような答えが返ってきます。

目標を立てて計画して意志で頑張ってダイエットしても、頑張っている間は続くけれど、結局続かず、挫折したりリバウンドしたりを繰り返してしまいます。

読者のあなたもそんな痩せないダイエットを経験したことはありませんか？

論より証拠　お客様の声

自力では抑えられない食欲面の衝動が自然と抑えられるので、効果はしっかりありました。デニムのサイズが2サイズダウン！（Kさん・47歳）

論より証拠 お客様の声

年齢的に代謝が悪くなっているしお酒もやめられないしダイエットは無理かなと思っていました。お肉をたべお酒も飲みながら、楽しくダイエットできました！　(Sサン・51歳)

Section 1-02

頑張っても痩せないダイエット

ナカメのお客さんに聞くと、酵素ダイエット、一日1食、朝のフルーツや、スムージー、加圧、パーソナルトレーニング、ウォーキング、など涙ぐましい努力をしても、減るどころか、日々、最高記録を更新してきたと言います。

エステなどに通っていた人もいます。施術している最中に、あなたは脂肪があるから痛いのだと言われたり、高額なコースにしないと痩せないとか、という勧誘があったりするそうです。

結局は、運動しろ！　食べるな！　という頑張りが必要なものばかり。

自力で実施できるファスティングでは、食べることも飲むことも我慢するので、食事会や運動、お出かけも制限しなければならず、継続できないということになります。

世の中には有酸素運動、筋トレ法や痩せる食事法などたくさんありますが、「なかなか長続きしない」「何をやっても痩せない……」という声がほとんどです。

頑張って続けていてもすぐに結果が出ないものが多いからです。

それで、過度な食事制限によるストレスで、一度爆発してしまうとそれ以降は元の食事に戻ってしまって挫折する、リバウンドする、といったことになるのです。

論より証拠　お客様の声

脚の真っ直ぐ感！湾曲していたのにスッと伸びて、ししゃものようだったふくらはぎがすっきり。膝の形もきれいになってきて、ミニ丈のスカートもカッコよく着られるようになりました。(Sさん・53歳)

論より証拠 お客様の声

思い込みを完全に変えてくれたダイエットでした。（Kさん・41歳）

Section 1-03

頑張るのはボールをお風呂に沈めるのと同じ

たとえば、空気が入ったボールをお風呂に沈めます。無理やり手で押し込んでやればボールは沈みますが、いつまでも手で押さえておけません。手を離すと勢い良く飛び出してきます。それと同じで、痩せたいからといって食べたい気持ちを意志で我慢しても我慢の限界が来ると反動が来て勢いよく食べてしまいます。食欲を我慢するからそんな反動が来るのです。

ところが、食べたい気持ちが詰まったボールの空気をチェックダイエットで抜いてやれば食べなくても大丈夫という実感が持てます。食べたい気持ちから食べなくても平気という気持ちへのボールの中身の入れ替えです。水を入れて空気を抜いてやればお風呂に馴染んでボールは沈んでいくように、食べなくても平気になれば痩せていきます。食べなくても平気という経験を何度もすると、だんだん食べなくても大丈夫になります。食べない経験と食べていた経験を比べてみれば、食べなくても平気なことが身体で分かるようになります。やみくもに食べない方が身体が楽なのも分かってきます　だからチェックダイエットでは「試してみて、感じてみて、比べてみる」ことを大事にします。食べなくても平気、食べない方が身体は楽ということを経験すれば、痩せたいわけですから自ずと痩せる方向を選ぶようになるのです。

論より証拠　お客様の声

主人からも「お腹周りがスッキリしてきたね」と言われました。無理なくやれ、（ナカメルールが）不思議とほとんど習慣化されてました。（Yさん・50歳）

論より証拠　お客様の声

今まで試してきたダイエットの中で一番楽でした！　「お酒も飲んでいいですか？」「揚げ物は食べても良いですか？」など不安なことはすべてお尋ねしていたのですが、すべて「いいですよ！」と。(Tさん・34歳)

Section 1-04

やるダイエットは違っても意志で頑張ってやるのは同じ

ダイエットにはさまざまな落とし穴がありますが、ダイエットは違っても共通する一番の落とし穴は意志で頑張ってダイエットしてしまうことです。

科学的な根拠に基づいていると称しながら、ほとんどのダイエットは何をやるかのお勧めが違うだけです。何を食べるか、何を食べないか、何をやるかなど、「何を」しか述べられていません。

実は、何を食べるか、何を食べないか、何をやるかなどの、「何を」に関しては痩せることに大きな関係はないのです。そのダイエットが続きさえすれば、どんなダイエットでもそれなりに痩せます。

しかし、ダイエットは結果が出るまで続けるのが難しい。ダイエットの問題はこの点にあるし、挫折する理由もここにあります。

我慢して食べないようにしたり、努力して何かの運動をやったり。やることや食べる物、食べない物は違っても多くの人が意志で頑張ってダイエットします。ダイエットの方法は違っても意志で頑張って取り組むことはいつも同じ。そして、いつもダイエットに挫折するという結果になっていませんか？

論より証拠　お客様の声

肉が沢山食べれる事に嬉しくなり、これならできそうと思いました。もう忘れかけていた幻の40キロ台に突入した時は、え～ってこれって中学生以来の体重!!（Kさん・55歳）

論より証拠 お客様の声

途中、久しぶりの飲み会があり、正直ものすごい不安でしたが、飲み会後いつものペースに戻って難なく戻りました。パンツサイズも3サイズは変わって25インチのジーンズを先日購入。(Nさん・47歳)

Section 1-05

日本人は「頑張ります！」が口癖だから

日本人は頑張ることが好きです。何かにつけて「頑張って！」とか「頑張ります！」という言葉が出てきます。日本では頑張ってやることが美徳とされているからです。学校の勉強と同じように頑張ることが大事と思っているのです。だから何かやる時に決意して頑張ってやろうとします。ダイエットも頑張ってダイエットしようとします。

多くの人が一部のダイエット成功者の結果だけを見て頑張ることを肯定してしまうのです。ダイエット成功者の地道なプロセスは見えません。なので、ダイエット成功者と同じように私にもできると頑張って取り組んで失敗してしまうのです。

ところが、ダイエットの成功者がいる一方で、頑張ってやった大半の人はダイエットに挫折しています。

ダイエットの問題を突き詰めていくと、どんな習慣を身につけるかの問題に突き当たります。習慣の問題だから、我慢、努力、頑張りの問題ではありません。我慢したり、努力したり、頑張ったりして日常生活を送る人はいないからです。頑張っては続かないのに、ダイエットとなると我慢して努力して頑張ってしまうのです。

論より証拠 お客様の声

朝食べない、昼はサラダでさっぱり、夜は21時までにお肉がっつり、半身浴、たくさん寝る……といったナカメルールは、お肉大好きでカロリー計算と運動が嫌いな私にとってピッタリな方法でした。（Mさん・39歳）

論より証拠 お客様の声

体脂肪は4%近く落ちて見た目に変化がありました。ナカメ式足指バンドを使うことでO脚も治ってきていて、自然と脚が閉じていることに気づき変化をとても実感しました！（Oさん・24歳）

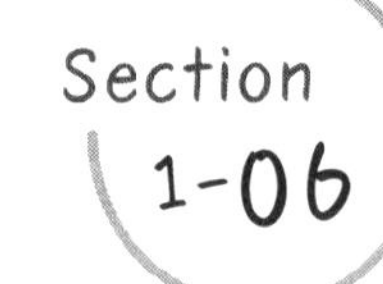

頑張るダイエットの元凶は目標設定計画主義

日本では学校の勉強でも会社の仕事でも目標を持たされます。目標を持ってやることが社会的な慣習になっているのです。目標を持つべきという社会的な慣習に染まっているとプライベートなダイエットでさえも目標設定して計画して取り組みます。

しかし、計画通りにダイエットが進むわけがありません。自分の身体は自然のものですから意志で想定通りに痩せようとしても痩せるわけがないのです。

普段の生活といえども様々な状況が生じます。体調や気分だって日によって変わります。日によって変わる状況や体調、気分を想定通りにしようとしたら意志で頑張って想定通りにこなそうとするしかありません。しかしいくら理想的な目標を立ててもダイエットは計画通りに進むことはないのです。そんな目標は単なる願望に終わります。

巷のダイエット本では何をやれば良いのか、何を食べなければ良いのか、何を食べれば良いのかしか教えてくれません。しかしダイエットの問題は、何をやるかではなく、結局はどのようにやるかです。頑張ってはいけないと書いてあるダイエット本もあるけれど、どうやれば頑張らないで済むのか、その仕組みと仕掛けがありません。

論より証拠　お客様の声

太ももでパツパツだったズボンがスルリと入ったときは感動しました。何より特別な何かをしているわけでもなく、日常生活を送っていただけで自然に落ちているという感覚に驚きでした。（Sさん・25歳）

論より証拠 お客様の声

教員をしているため、昼は給食があります。教育上食べないわけにもいかず、他の方よりもルールが守れないことが心配でしたが、試してみるのナカメのルールは私に合っていたようです。（Tさん・40歳）

Section 1-07

目標や計画を立てるからダイエットに失敗する

ダイエットの目標や計画は、夏休みの宿題計画によく似ています。

たいていの人は夏休みの宿題計画は立てたものの実行はできなかったのではありませんか？計画を立てても計画通りに実行できないのが普通です。計画通りの状況がいつも生じることはないし、自分の気持ちだって計画した時とは変わっていくからです。

そもそも夏休みの宿題をやることで一番足りなかったのは毎日机の前に座る習慣でしょう。毎日机の前に座る習慣があれば夏休みの宿題は少しずつこなしていけます。

頑張りが要求される学校の勉強と同じようにダイエットに取り組んだら失敗します。ダイエットは夏休みの宿題計画のように取り組まなくてもいいのです。

毎日やったことを振り返っていれば次の景色が見えてきます。見えてきた景色に対応すればいいのですから、遠くの未来を見て計画する必要はありません。振り返ることで、昨日の結果とプロセスの関係が分かれば今日の行動をどうすればいいか判ります。

ダイエットも毎日の生活をチェックして振り返っていればダイエットに必要なことがこなせるようになっていつの間にか痩せていくのです。

論より証拠　お客様の声

始めたときは59才、卒業時には60才になり、この年齢でシワシワにもならず、長年の姿勢で固まった身体のゆがみまで改善出来、ミラクルです。（Tさん・60歳）

論より証拠 お客様の声

本当にほとんどお酒を飲まない日はない位（お昼に飲んだ時もあります）でしたが、結果としては体重も減ったし、こんなダイエット経験は初めてでした。（Mさん・47歳）

ダイエットの目標は持たない

ダイエットの成功は、結果でしかありません。それなのに痩せることを目標にして計画を立てて痩せようとするからダイエットに失敗するのです。

痩せたという結果は痩せていくプロセスの結果です。プロセスはプランとは違います。目を向ける必要があるのはダイエットのプロセスであってプランではありません。

目標を持つとその日その日の過ごし方とその結果を見なくなります。目標を持つと現状の体重と届かない目標体重の差だけが気になります。足りないことに目が向いてしまうのです。目標までの足りないことに目を向けていてはダイエットが楽しくないしちょっとでも痩せたというダイエットの喜びも得られません。

しかもプランを持つとその時その時のプロセスを見なくなります。痩せるプロセスの結果として痩せるのですから、目標とプランを見ていては痩せる訳がありません。

巷の多くのダイエットでは、目標とプランでダイエットさせようとします。ところが、プランが通用するのは想定内の世界だけです。想定外のことが起こるダイエットに目標とプランを持ち込んだ途端に、ダイエットは失敗の道を進むのです。

論より証拠 お客様の声

前までは履くことの出来なかったスカートや、足の形が分かるパンツなどが今では、楽しく履けるようになりました。足の形が変わったことで自分に自信を持てたことに嬉しく感じています。(Kさん・18歳)

論より証拠 お客様の声

入ればいいと着ていた服も好みの可愛いお洋服が着れる様になり、人生ワクワクでとても嬉しいです。（Tさん・57歳）

Section 1-09

意志が弱かったという言い訳

ダイエットに失敗すると多くの人が意志が弱かったという言い訳をします。言い訳をした後でまた頑張ろうとします。そしてまた頑張って失敗してしまうのです。しかも、頑張ると必ず反動がきます。普段は野菜中心の食事で炭水化物や揚げ物はほとんど食べないなどとても気をつけているのですが、反動というのかいったんネジが外れてしまうと人とは思えないくらい家中のものを食べ尽くし、自己嫌悪に陥り、それなのに手が止まらず泣きながら食べていたりするという人も、自分は意志が弱いからだという言い訳をします。

ダイエットに失敗した時に意志が弱いという言い訳をしている限り、頑張ることがダイエットの失敗原因だとは気づきません。気づかないから、ダイエット法を替えてもまた頑張って失敗してしまうのです。多くのダイエッターがダイエットは頑張ってはいけないことに気づきません。

頑張るダイエットに何度も失敗しているうちに、いつも新しいダイエットを追うダイエットジプシーやダイエットの知識だけが豊富なダイエットマニアになってしまいます。

実は、意志の強さや弱さはダイエットにはまったく関係ありません。多くの人がそれを知らないだけです。

論より証拠　お客様の声

ズボラ＆食い道楽＆酒飲みの私ですが、できる限りナカメルールを守ることで、日々落ちていく体重が励みになって、楽しみながら結果を出すことができました！（Nさん・46歳）

論より証拠　お客様の声

チートランチやディナーを適当に挟みながら毎週元気に通っていたら、更に下半身を中心に痩せていきました。お直ししたスカートやパンツすら緩い状態になりました！（Iさん・49歳）

Section 1-10

ダイエットなんかでストレスをためない

それでも頑張ってダイエットをやっていると、ダイエットがストレスになります。しかし、ダイエットなんかでストレスをためないでください。

やりたいことがやれないのはストレスですし、やりたくないことをやるのもストレスです。ダイエットでいえば食べたいのに我慢するのはストレスです。頑張って運動して痩せようとするのもストレスをためます。

頑張るからストレスが溜まるのです。食べたいのに我慢して食べないでいると、どこかで爆発して食べてしまいます。人間として当たり前の反応です。こうした人間として当たり前の反応を無理に抑えつけないことです。

逆に、チェックダイエットでは、やりたいことやりたくないことを大事にします。どうしても食べたいのなら食べていいのです。ストレスになるような我慢するダイエットはしないでください。頑張ってやらなければダイエットはストレスになりません。ダイエット中にストレスをためないとリバウンドの心配はありません。そのためにも生活スタイルを変えずに取り組めるダイエットをはじめましょう。チェックダイエットのルールが日常生活に溶け込みます。

論より証拠　お客様の声

一番嬉しかった事は、デニムを試着しに行った際、「足がまっすぐで綺麗ですね」と店員さんに言ってもらった事です！　人生で初めて言われた言葉に思わず耳を疑いました！（Sさん・42歳）

論より証拠 **お客様の声**

更年期で代謝も悪く、薬の副作用もある為に痩せにくい時期だとお医者さまにも言われていたのに、ナカメルールを守っただけで痩せただけではなく、指の関節の痛みまでなくなりました。（Sさん・57歳）

Section 1-11

「痩せたいけど食べたい」をどうするか？

ただ、ダイエットの問題は「痩せたいけど食べたい」をどうするか？　痩せたいのは長期的な望み。頭で考えた概念的な望みです。痩せたい望みがあるからダイエットする訳です。かたや、食べたい気持ちは、その場その時の短期的な心や身体の欲求です。

頭で考えた長期的な望みと短期的な心の欲求が戦えば、短期的な欲求が勝ちます。いくら痩せたい気持ちがあってもその時その場での食べたい気持ちには勝てません。痩せたいのは頭で考えている望み、食べたいのは心や身体の欲求です。

空腹に耐えかねている時の食べたい気持ちは満たしてください。当たり前に食べていいのです。その時は身体が欲している欲求だからです。身体の欲求は抑えることができません。

問題は、心が欲している食べたい欲求です。お腹が空いていないのに何か満たされない気持ちがあってつい食べてしまうことはありませんか？　何か満たされない気持ちを手近な食べ物を食べることで解消しているのです。そんな時に手近なところにお菓子などがあるとつい食べてしまいます。こうした心が満たされない欲求が食欲に化けている場合は心の欲求を満たしてやれば解消します。

論より証拠　お客様の声

悩んだ時はLINEで相談してアドバイスを貰ったり、施術も辛くなく、毎回楽しい会話満載で通うのも楽しかったですし、次に行くまでに成果を出すぞ！　というモチベーションにもなりました。（Aさん・47歳）

論より証拠 お客様の声

楽しいダイエットで、こんなユルユルなダイエットで、効果大です。初めてダイエットが、楽しく感じられました ありがとうございました。もっと凄いと感じたのが、病院の医師から、血液検査の数値が、高校生並みだねと言ってもらえた事でした。（Mさん・70歳）

Section 1-12

ダイエットのことを概念だけで知っても仕方がない

ダイエットのことを言葉だけの概念として知っている人はたくさんいます。ネットでダイエット情報を得ても読むだけ。ダイエット本を読んでもやらない。そんな読むだけダイエットをやっている人はたくさんいます。

しかし、概念というのは言葉で組み立てられたものです。言葉上の概念を知っているだけのこと、自ら経験して分かったことはまったく違います。

読むだけダイエットにしないためには、実際に試してみて体験してみて自らの経験とするしかありません。まずは、体験してみること、実験してみることを何よりも大事にしてください。

私が提唱するチェックダイエットは実験しているような感覚で取り組めます。全ては、原因があっての結果だと分かります。逆に求めている結果を出す為にはその原因を自ら作ればいいという事です。

まずは2ヶ月間の朝なし・昼サラダ・夜肉そして間食なしという生活（食事）を通して、おいしく食事をいただくことの大事さを体感していきます。概念で知るのではなく経験を通して実感するからこそ「今、私お腹空いてる？」とか自分自身に聞くような変化を起こします。

論より証拠 お客様の声

あまり食べない方で、でも体重が落ちなくなって散々悩んでいたのが、毎日肉食べて酒飲んでも痩せたのがびっくりです。笑笑（Mさん・40歳）

論より証拠 お客様の声

通いだした頃からジーンズは3サイズダウンし、卒業してから更に3キロ（自己測定）痩せることが出来ました。（Tさん・58歳）

Section 1-13

仕組みと仕掛けでやるチェックダイエット

意志で頑張らずにダイエットしないならどうするか？　ダイエットできる仕組みと仕掛けで痩せていきます。それが、付録に付けたダイエットチェック表という仕掛けと試したことをチェックしていくだけの仕組みです。

チェックするのは痩せるための目安ポイント。どんな生活や食生活をしているかチェックします。チェックといっても簡単。ダイエットのためのチェックリストを表にしていますから、やるのは、ダイエットの目安ポイントを守れたか、守れなかったかを1日の始まりと終りにチェックすることだけです。辛くないダイエットで、日々目に見える形で痩せていきます。痩せれば体重計に乗るこが楽しみになります。たまにルール通り行かなかった日でも、調整すれば問題ないということが分かれば、ストレスにならずに楽しく続けられます。

ダイエットチェック表を付けているだけで、「お米は必ず食べなきゃいけない」「1日3食食べなければならない」という点が思い込みだと分かります。食生活をすべて変えるのは、なかなか難しいとしても、可能な時はナカメ式の考え方で食事を摂っていくことで、健康が手に入るようになります。

論より証拠　お客様の声

リバウンドは痩せにくいと思っていましたが、まったくそんなこともありませんでした。（Tさん・41歳）

論より証拠 お客様の声

キツい制限がなく、「本当にこれで痩せるのかな？」と思っていましたが、1ヶ月で－2kg、2ヶ月後には－4kgとなりました。体重が減っただけでなく、見た目も変わりました。(Tさん・29歳)

Section 1-14

チェックポイントを試すのに意志力は不要

しかしながら、チェックダイエットの目安のルールを守ろうとして意志で取り組まないでください。ルールを守ろうとすると意志でやることになります。守ろうという意志を使うと頑張って守ることになってしまいます。頑張っても守れないと罪悪感が生じます。

チェックルールを守るのに頑張りは不要です。守れなくてもいいのです。必要なことはただ試してみて感じることだけです。守れないことすら貴重な経験です。

今までの生活習慣とは違うチェック項目はとにかく試してみることです。試してみれば体験後にどんな感じか分かります。どんな感じか分かったら今までの生活や食事と比べてみるのです。比べてみて体重の増減にどう反映するかチェックしてみてください。減っているのが分かったら続けられます。身体で分かるのと頭で解るのとは違うからです。

まず3日くらい試してください。三日坊主は悪いイメージがありますが、3日間試せば成果が出てどんな感じか分かります。

ブログ『下半身ダイエット　論より証拠』には痩せた人の感想メールが2619件あります。これだけの経験実績のあるダイエットですから安心して試してみてください。

論より証拠　お客様の声

足痩せ整体で足は真っ直ぐになりパツパツだったパンツも今や緩くはけるようになりました。(Yさん・32歳)

論より証拠 お客様の声

『なんでも、試してみて。試すダイエットだから』と、私のペースに合わせてくださったので無理なく続けることが出来ました。ナカメ式足指バンドでO脚だった足がまっすぐに近づき、外反母趾の痛みが無くなりました。(Yさん・45歳)

Section 1-15

チェック表はマニュアルではない

付録のダイエットチェック表はマニュアルではありません。マニュアルではないのでルール通りに守ろうとする必要はありません。

マニュアルとしてルール通り守ろうとすると意志を使うことになってしまいます。意志を使うとどうしても頑張って守るようになります。ダイエットにおいて頑張りは禁物です。

たとえ守れない事があっても、やれてなければきっちり体重に反映されるので、自分の行動の結果だと身に染みるようになって、やれなかった自分を責めなくなります。

マニュアルではないのでルールが守れなくても自分を責めることはありません。

ただチェックダイエットの目安ポイントに沿った生活を試してみるだけです。試してみたら何か感じるはずです。その実感と体重の増減の関係をチェックします。チェックする時に以前の数字や体感と比べてみてください。

一口だけ味見をするような感じでチェックダイエットの目安ポイントを試してみてください。

3日間試してみれば痩せるのが分かります。実際に試してみてください。言葉でなく経験して分かることが大事です。

論より証拠 お客様の声

無理なく、かつ食事もお酒も楽しみながら日々を過ごしていて、気づいたらマイナス体重、正月太り時からスッキリした体になり、会うひと会うひとに「痩せたね」って言われて、逆に恥ずかしくなるくらいになりました。(Sさん・37歳)

論より証拠　お客様の声

全て我慢して頑張るのか……と思っていたら、食べちゃいましょう。ナカメルールはできる範囲で大丈夫。と。本当にクリスマスのお料理にケーキ、年越しそばやお節にお雑煮を食べました。（Oさん・53歳）

Section 1-16

この本でもダイエット情報を先に読まない

試してみることが大事なので、第二章に書いているチェックダイエットの意味や理由を読むのは1週間試してからにしてください。試す前に読むと、いわゆる『読むだけダイエット』になってしまいます。つまり、先に言葉によるダイエット情報を得ると経験していないのにチェックダイエットが解かった気になってしまい試さなくなります。試していないのに言葉で知ったら解かった気になるからです。試さないと痩せることが実感できません。なので試してみるまでダイエット情報を漁らないことです。

何事も経験する前に言葉で情報を得ると解かった気になって実行しなくなります。

世間では、やり方情報→実行という方向が一般的ですが、チェックダイエットは試行→やり方情報という逆方向のやり方です。この点は、ダイエットのやり方を説明してから実際にやらせる従来のダイエット法とは真逆の考え方です。

試してみて経験した後なら第二章に書いてある情報の意味がよく解ります。なぜ痩せたのかは痩せた後で解かった方がダイエット情報が役に立つようになるのです。

まずは1週間試してから第二章を読んでください。大事な心得です。

論より証拠　お客様の声

家食だろうが外食だろうが朝食を抜いて　昼食は野菜　夜はお肉系メイン　これさえ守っていれば友人知人とのコミュニケーションもそのまま　必死に孤独にダイエットとは質が全く違うのでとても助かりました。（Kさん・56歳）

論より証拠 お客様の声

必要最低限の食事でお腹も目も心も満たされるように習慣づけるプログラムだからリバウンドもしにくい。予想よりも早い卒業(4回・2サイズダウン)となったのは、単純な性格の私には合っていたからなんだと思います。(Hさん・38歳)

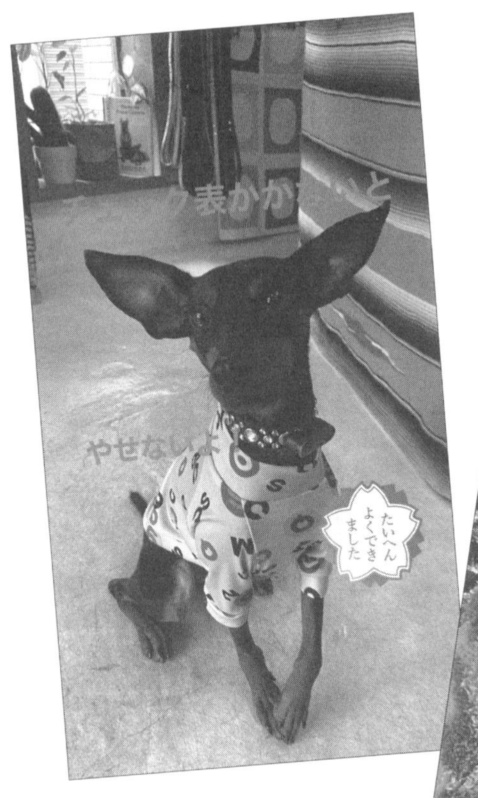
たいへん
よくでき
ました

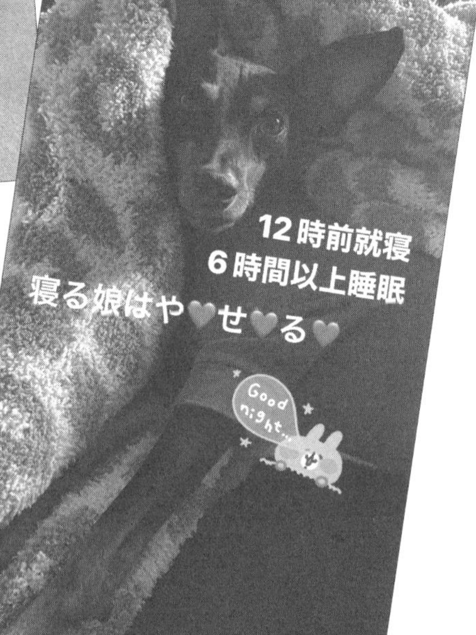
12時前就寝
6時間以上睡眠
寝る娘はやせる
Good night..

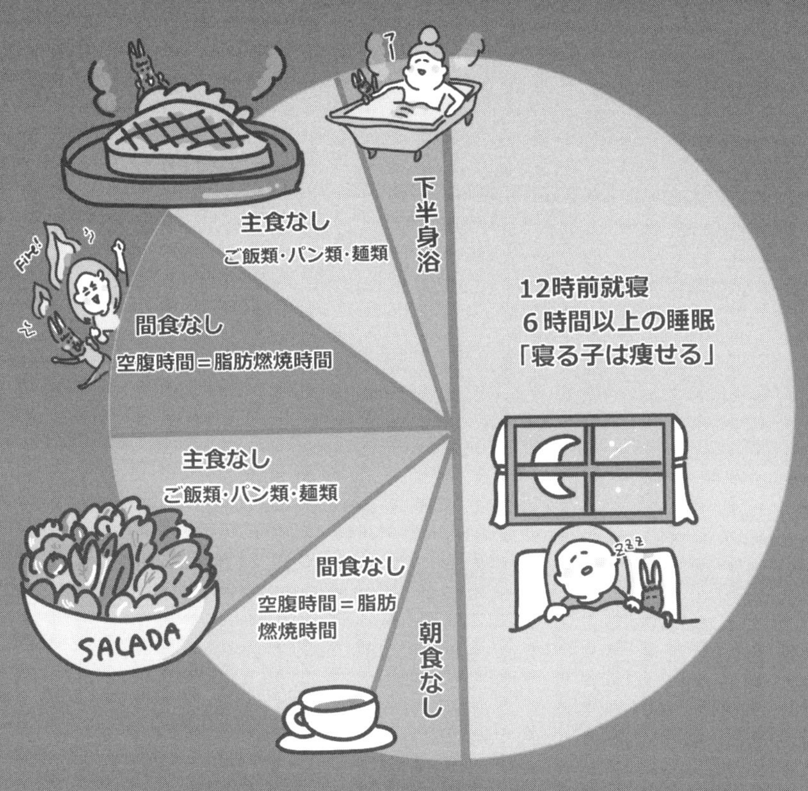

Chapter 02

チェック
ダイエット

Section 2-01

チェックダイエットの準備と心構え

チェックダイエットをやる前に準備する物は、まずは体重計。体重計のメモリは細かい方が良いです。最低100グラム単位以下の体重計。今は50グラム単位の体重計もあります。現在売られている体重計は体重以外の数値もいろいろ測れますが、体脂肪率など諸々その他の数値はチェックダイエットには不要です。体脂肪率は短期での変化が分かりにくいため1ヶ月単位で測るだけで十分です。

次に必要なのは付録のお試しチェック表。毎日の体重の増減とチェック項目との関係を振り返るためです。体重計の近くに置くこと。お試しチェック表でその日その日試したことをチェックしていってください。

心構えで大事なのは、試す前にあれこれ考え過ぎないことです。やれるかどうか、できるかどうか、続けられるかどうか、などを試す前に想ったり考えたりしても、試してみない限りは分かりません。食べたことのない料理は一口食べてみないと分からないのと同じです。

さらに言うと、このダイエットに協力してくれる人以外にはダイエットのことは打ち明けないことです。案外身近にダイエットを邪魔する人がいますから。

論より証拠　お客様の声

今まで運動しても、食事を気をつけても全く痩せることがなかったのに、どうして痩せられたのか今でも不思議です。(Hさん・44歳)

ダイエットチェック表

日付														
曜日														
生理日▲														
夜の体重														
朝の体重														
朝夕の体重差														

Kg

Kg

Kg

Kg

守れたルールは赤系のラインマーカーで塗りつぶして下さい。

日付														
曜日														
12時前に寝たか														
6時間以上眠ったか														
朝食食べなかったか														
間食しなかったか														
主食食べなかったか														
昼野菜食メインだったか														
夜肉魚食メインだったか														
間食しなかったか														

論より証拠 お客様の声

1番最高だったのは、大嫌いな運動をしなくていい事と大好きなのでお酒が飲める事！　一番厳しい娘がママ痩せたね。って言ってくれた時は嬉しかったです。（Hさん・51歳）

Section 2-02

チェックダイエット中は他人に話さない

チェックダイエットは楽しんだもの勝ちです。楽しんでやるためにダイエットのことは痩せてくるまで隠しておきましょう！　ダイエットを始めると何かと邪魔が入るものです。チェックダイエットを邪魔されないために、他人には隠しておくことが賢明です。

他人の何気ない一言は、メンタルにとても影響します。他人は悪気なくダイエットの邪魔をしてきます。何気ない一言で、守っているルールを崩そうとしてきます。そうした他人のちょっかいにいちいち対応するのは煩わしいものです。

いずれ、あなたが人にわかるくらい痩せて綺麗になれば、どうしたの？　と聞いてきますから、それまでは、隠しておくことをお勧めします。

家族に打ち明けて協力してくれそうなら、打ち明けてやった方が痩せやすいですが、家族に邪魔されると思うなら、家族にも黙っておくことをお勧めします。近しい人の何気ない一言は、メンタルにとても影響しますから。

ナカメのスタッフも、ダイエットを試している時に、昼のサラダも我慢なんてしてないし、頑張ってもいないのに、よく続けられるね～、意思強いね～と言われたと言います。

論より証拠　お客様の声

短期間で下半身がみるみる痩せて、周りに驚かれる程になったのはとても嬉しい結果でした。夕飯にたんぱく質を取りながら、大好きなお酒を飲む事が一日の楽しみとなっていました。（Nさん・39歳）

論より証拠 お客様の声

20代の頃から15年くらいで30キロ以上太り、自己流、エステ、漢方などかなりいろいろダイエットに取り組みつつも、頭のどこかでは一生痩せないんだろうなあ、と思っていたような気がします。（Iさん・47歳）

Section 2-03

チェックダイエットの1日は体重測定・チェックから始まる

体重を測るのは1日2回。朝起きたら体重測定。寝る前にもう1度体重を測ります。夜の体重が朝の体重より500グラム以上増えていれば食べ過ぎの傾向があります。

朝起きたら歯を磨くついでに体重を測ってください。前日の朝より体重が減っていれば前日のダイエット生活はうまくいっています。次に、体重計の近くに置いたチェック表で前日のチェック項目をチェックして、体重の変化とチェック項目との関係をみてください。

毎日チェックすることによって体重とチェック項目の関係が解ってきます。こうすればこうなると分かってくれば、自然とチェック項目が守れるようになります。

体重計で毎日測り、きちんと記録をしながらチェック欄に○をつける日が始まります。チェックダイエットでは少しずつ痩せていきますから毎日チェックすることを楽しみにしてください。

巷には、短期間でマイナス10キロなんていう謳い文句のダイエット広告が目につきますが、そんな都合の良い話は有り得ない、とチェックダイエットを試してみれば確信できるはずです。

とにかく体重測定とチェック表のチェックだけは忘れずに。チェックダイエットの一番のポイントはチェックすることです。

論より証拠 お客様の声

年末年始は思った通り体重は数キロ増えてしまいましたがお正月明けの4日の朝の体重から下降し始め、直ぐに卒業後の体重に戻りました。ナカメのおかげで新陳代謝が良くなって太りづらい体質になったのかしら？　嬉しい悲鳴です。(Tさん・55歳)

チェックダイエット時間割

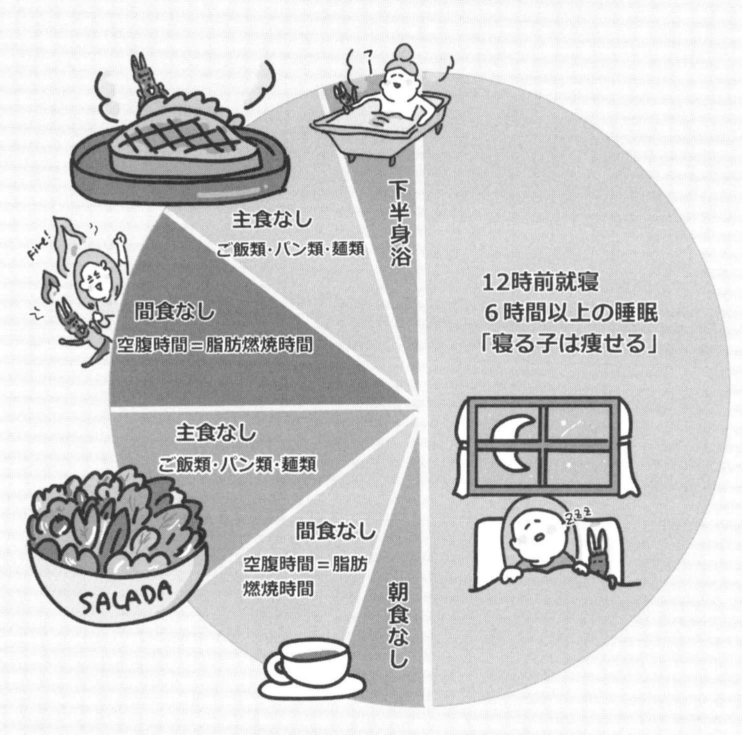

論より証拠　お客様の声

ケンタッキーも皮も食べて良いなど、私にはピッタリでした。（Oさん・50歳）

Section 2-04

12時前に寝たか？ 6時間以上眠ったか？

何よりもダイエットで大事なのは睡眠です。睡眠がダイエットの基礎です。

十分な睡眠をとった時と不十分な睡眠だった時とを比べて、体重や体脂肪率の変化に違いはありませんでしたか？　十分な睡眠時間をとることは痩せるための土台です。就寝時刻は12時前、睡眠時間は6時間以上が不可欠です。

睡眠不足は、新陳代謝を促す成長ホルモンの分泌が不足して痩せにくくなります。しかも睡眠不足は食欲を亢進します。

しかも新陳代謝を促す成長ホルモンの関係から、12時前には眠りにつくことが必要です。新陳代謝が良い時間帯は、午後10時から午前2時くらいの4時間くらいだと言われます。その時間帯をできるだけ眠りで確保している必要があるのです。せめて12時前に寝ないとその大切な時間が削られます。しかも12時前に寝れば、6時間以上の睡眠時間も確保しやすいのです。

チェックダイエットのルールの12時前就寝と6時間以上睡眠は、ないがしろにしやすく多くの人は睡眠に重きを置きません。ところが、睡眠は痩せるための基礎となる一番大切なものと言っても過言ではありません。チェックダイエットの合言葉は「寝る子は痩せる！」です。

論より証拠　お客様の声

まずは1週間試してみて、無理なく出来そうだと感じたのでもう1週間やってみる。それを繰り返すうちに日に日に体重が落ちていきました。（Oさん・41歳）

論より証拠 お客様の声

炭水化物や甘いものも、食べたくなったら我慢しないでと言われ、逆に「それで大丈夫なの？」と心配になるくらい、ダイエット頑張ってる感はありませんでした。迷った時や心配なことがあった時も気軽に相談できるのも心強かったです。（Mさん・36歳）

Section 2-05

朝食を食べなかったか？

朝食を食べた時と朝食を食べなかった時を比べて、お昼までにどちらの方がお腹が空いたでしょうか？　試してみたら分かることですが、実は朝食を食べた方がかえってお昼までにお腹が空きます。

朝からご飯やパンのような糖質を身体に取り込んでしまうと、血糖値が急激に上がって、急激に下がってくる時に強い空腹感を覚えるからです。しかも、ダイエットとして問題なのは、血糖値が高い間は、自分の体脂肪は燃えてくれないことです。

チェックダイエットで朝食を摂らないことを目安にしたのは、朝は前の日に食べた物のエネルギーで身体は満タン状態だからです。だから朝食は摂る必要がありません。朝食を摂らないでいると溜め込んだ古い体脂肪を燃やすための時間が午前中に長く取れます。午前中の体脂肪燃焼時間を長く確保できるのです。

食事による血糖値への影響がない睡眠時には血糖値が安定しています。朝も引き続き血糖値が安定しているため、空腹を感じにくく、三食の中でも朝食は抜きやすいからです。朝食を抜いた分、朝食によって追加されるカロリーも減って、しかも体脂肪燃焼時間が増やせます。

論より証拠　お客様の声

体の歪みも気になっていたため、整体とダイエットが一緒に出来るところはないかと探して見つけたのがナカメです。通い出したら、あれよあれよという間に体重が落ちていき本当に驚きました。（Mさん・47歳）

論より証拠 お客様の声

脚痩せでき、お腹まわりも細くなり、ジーンズも無理なくはけるようになりました。かといってバストもサイズダウンしたかと言われるとそれはなく、下半身専門サロンさんらしいなと思いました。（Tさん・30歳）

間食しなかったか？

午前10時や午後3時は一般的にはおやつの時間。ちょうど小腹が空いてくる頃です。逆にいうと、まさに体脂肪がよく燃える頃になっています。しかしながら、その時間に間食すると、せっかくの体脂肪の燃焼を中断させてしまいます。

特に当てはまるのは昼食後。昼食を食べてから3～4時間は、食事で得た糖質のエネルギーを優先的に使います。その糖質のエネルギーが午後3時頃に切れてくるから血糖値が下がってきてお腹が空いてくるのです。しかしながら、そのわずかなピークの時間をやり過ごすと空腹感はさほど覚えなくなくなります。

糖質がたくさん血液中にあって血糖値が高い場合は糖質代謝優位の状態ですが、血糖値が低くなると脂肪代謝優位の身体の状態になっています。この脂肪代謝優位の状態が体脂肪をよく燃やしてくれるのです。

空腹がピークの時間帯を糖質を含まない水分（水・お茶・ストレートティー・ブラックコーヒー）などを飲んでやり過ごしてください。

空腹ピークの時間帯さえ過ぎれば、次の食事まで体脂肪燃焼時間を長く確保できます。

論より証拠　お客様の声

40代半ばも過ぎたし、子ども2人産んでるし、もう正直ダイエットは諦めていました。でもまさかこんなに早く体重が減るなんて！　しかも体脂肪率も下がって、健康的にサイズダウン出来たことにとても驚きました。（Sさん・46歳）

論より証拠　お客様の声

せっかく食べるんだったらご褒美として食べる、食べたら後で調整すれば良い、その方法を知っていれば良いという考え方のおかげで、ルールを守れない自分を責めたり罪悪感を感じたりすることなく、楽しくダイエットに取り組めたと思います。（Yさん・37歳）

Section 2-07

主食を食べなかったか？

世間では、主食と主菜と副菜をバランスよく食事で摂りましょう、と言われます。栄養が偏らないようにするための教えのようです。

ところが、体脂肪を早く燃やすためには、主菜や副菜はたくさん食べても、主食は食べないほうが痩せやすいのです。ご飯類・麺類・パン類のような糖質主体の主食は、栄養としてというより主にエネルギー源として摂っているだけです。

太っているということは今まで食べ過ぎていたご飯類・麺類・パン類のような糖質が体脂肪に変わって余分なエネルギーとして蓄えられている状態です。体脂肪というエネルギーが余っている状態で主食のような糖質主体の食べ物を摂ると、その糖質が先にエネルギーとして消費されて、その間は体脂肪が燃えてくれません。糖質を消費している間は体脂肪は燃えないのです。

逆にいうと、主食としての糖質が身体に大量に入ってこなければ、早く体脂肪を燃焼させることができます。

だから主菜と副菜のようなおかずだけを食べて、主食としての糖質（ご飯類・パン類・麺類など）は食べないようにするわけです。

論より証拠　お客様の声

結果、痩せづらい所から痩せて全体スッキリしましたし、なにより辞めてからも痩せ続けて、今卒業してから2ヶ月経ちますが、スタイルキープ出来ています！（Yさん・44歳）

論より証拠 お客様の声

体重の変化より先にまず腰回りやお尻が小さくなり、続いて背中もスッキリとし、サロンに行くと顔のむくみまでとれ……と良いところづくし。（Kさん・47歳）

Section 2-08

昼食は、生野菜メインのサラダを食べたか？

主食は食べないで主菜と副菜だけを食べる食事は、フレンチやイタリアンのフルコースの料理を1日かけて食べるようなイメージです。

朝食は食べないので、1日の最初の食事は昼食です。前日の夕食以来のプチ断食後の初めての食事です。コース料理の前菜的なイメージの昼食です。生野菜メインのサラダのようなアッサリとした軽い食事にします。

自律神経の働きを考えると、昼間は交感神経が優位になって、主に筋肉に血液を送っています。活動するのに適した身体の状態になっているのです。だから昼間は出来るだけ消化負担の軽いものにして活動的に過ごした方が痩せやすいのです。

しかもお昼を生野菜中心のサラダにして軽い食事にすると食後の眠気や午後のだるさもなくなります。

アッサリした軽い昼食に適しているのは、生の葉物野菜を中心としたサラダ。生の葉物野菜を主菜として8割、トッピングを副菜として2割程度のもの。トッピングである副菜が2割くらいなら、食べてはいけない物はありません。いろいろなトッピングを楽しんでください。

論より証拠 お客様の声

驚いたのが、卒業して1ヶ月経った今もリバウンドすることなく、体重がゆっくり減り続け、−5kgを達成。洋服もキレイに着れるようになり、写真うつりも輪郭が明らかにシャープに（Hさん・37歳）

論より証拠 お客様の声

ヤバかったらやめればいいよね、と体験へ！　百聞は一見にしかず！　不安はあっという間に吹き飛び、もうここしかない！　とやるのみでした！　で！！　結果、こんな代謝の悪い、食べなくても痩せられなかった私が痩せられましたぁ！（Oさん・48歳）

Section 2-09

夕食は、肉・魚・卵食メインに食べたか?

夕食は、肉料理や魚料理、卵料理を食べます。

体脂肪燃焼を促進させる為には、動物性タンパク質が必須になるからです。またダイエットの時に一番足りなくなる栄養素はタンパク質です。タンパク質を摂っているとキレイに痩せますやつれた感じで痩せません。

夕食には肉・魚・卵などの動物性タンパク質が必要です。しかも、普通の量よりも多く、肉・魚・卵は2人前以上食べてください。夜は動物性タンパク質のお肉やお魚、卵をガッツリが、チェックダイエットの食べ方です。主菜として、赤身が多いお肉や魚介類を8割くらいの割合。副菜として添える物は2割程度ならなんでも構いません。副菜をいろいろ替えることは味の趣を変えるために必要です。もしお肉の量が足りなければホエイプロテインで補っても構いません。

よく間違われるのですが、大豆類やその製品のような植物性タンパク質の食品はダイエットには向いていません。アミノ酸スコアの値が動物性タンパク質に比べて低いからです。そうしたものを食べて痩せようとすると大量に食べなければならなくなります。大豆製品は糖質をたくさん含んでいますから、大量に食べるとかえって太ります。

論より証拠 お客様の声

医師もびっくり!!!! 何したの? たったひと月でこんなになれるのは、信じられないと……そこで、私、ナカメの食生活、生活習慣を詳しく詳しく話しました。先生メモメモ、そして『素晴らしいね。』(Nさん・56歳)

論より証拠 お客様の声

自分自身の身体を使って体感しながら「自分のカラダと生活習慣に合ったダイエット」を模索していく。それを全力で支えるのがナカメ式。人生で唯一、下半身痩せが叶ったナカメ式。（Uさん・44歳）

Section 2-10

同食しなかったか？

同食とは造語です。以前に食べたものをまた食べないということを表しています。覚えている限り違うものを食べていくことです。同食しないを意識していたら、一度食べたものは1週間くらいは覚えています。覚えている範囲で、以前に食べたことのないものを選んで食べるようにしてください。

よくある『主食・主菜・副菜をバランスよく食べましょう』は、現実的には無理。バランスよく食べるために何を食べればいいか迷ってしまいます。同食しないは、同じ物を食べないということですから、食材選びに迷いません。いろいろな食材を食べていれば栄養は偏りません。しかも、いろいろ食べていれば飽きません。いろいろな食材を食べたという結果として、栄養も偏らないのです。

しかしながら、お昼のサラダ、夜の動物性タンパク質という主菜は、毎日同じになります。だから、食材を変えてください。肉なら、牛、豚、鳥、羊など。魚ならもっと種類が豊富です。卵もOK。サラダに使う葉物もたくさんの種類があります。また、副菜全体の2割の部分で、食材にバリエーションをつけて飽きない工夫をしてください。味付けや調味料はなんでもOKです。

論より証拠　お客様の声

施術代だけでマンツーマンのアドバイスしてくれる所なんて他にないと思います。(Tさん・45歳)

論より証拠 お客様の声

ナカメ2回目の次の日には、はやくも25インチ（Sサイズ）が入るようになり、試着室に全店員さんが集まってきて、「いったいこのたった9日間でどうやってサイズダウンしたのか」と大変な騒ぎに（笑）（Mさん・48歳）

朝食ヌキ
オレはぬかない

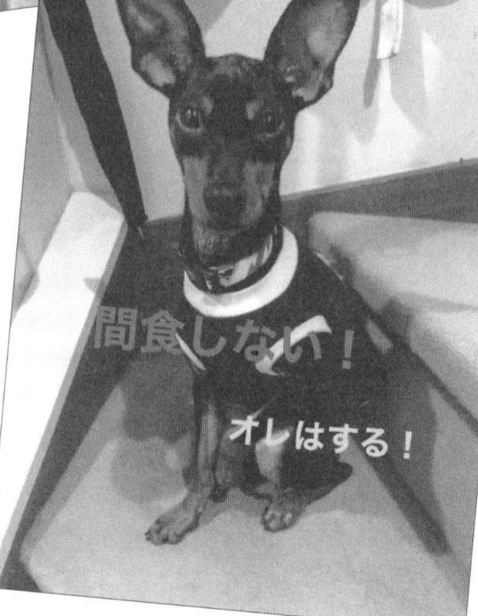
間食しない！
オレはする！

Chapter 03

さらに痩せる ために

Section 3-01

「～しない」と決める

朝食は食べない。主食は食べない。間食しない。同食しない。チェックダイエットには、ダイエットの目安としてこの4つの「しない」があります。この「しないこと」を自ら決めることが大事です。自らが決めた「～しない」を原則とすることです。自ら「～しない」と決めていればそのルールを破る時に意識に上ってきます。ついやってしまうのではなく、破る時は意識的に自らのルールを破ります。

チェック項目を「すべき」というような他者からの強制として捉えてやることや、「しなければならない」というような自らの義務として捉えてやることは間違いです。「するべきでない」「してはいけない」という捉え方も間違っています。そうした捉え方や考え方は、やらなかったときや、やってしまった時に後悔や罪悪感を生みます。

後悔は～してしまったという反省を生み、罪悪感は次は～しようという決意を生みます。ところが、反省しても決意しても、結局は実行できません。

自ら決めていない「やるべき」「やるべきでない」や「しなければならない」「してはいけない」という捉え方でやっている限り、また同じことを繰り返してストレスになってしまうのです。

論より証拠 お客様の声

卒業したらリバウンドしてしまうかな？　と思っていたのですが、今のところ少しずつ減ってきています。食べてる量は以前とそんなに変わらないのに、運動しているわけでもないのに、こんなに違うのかと目からウロコです。（Kさん・39歳）

論より証拠　お客様の声

外食でも、牛カツ屋さんでカツ2枚食べて、次の日体重が増えてない不思議！　なんてこともあった。(Nさん・50歳)

Section 3-02

「～しよう」と決意しない

「～しない」と決めることの大事さの一方、「～しよう」と決意したことは、往々にしてやる必要がある時には思い出さないものです。しかも「～しよう」と決めたことがやれないと、罪悪感や反省を生んで、また決意して悪循環になるだけです。

「～しない」と決めたことは行動直前に行動を止める力がありますが、「～しよう」と決めたことは行動直前に思い出さないから行動を促進する力はないのです。

つい「～やってしまう」行動の前に、「～しない」と決めたことを、思い出して確信犯的に破るのは意識的にしかできません。意識的に「～しない」と決めたことを意識的に破るのはなぜか気持ちが悪いものです。その気持ちの悪さが習慣行動を止める力を生みます。毎回起こるその気持ちの悪さを避けるために、自ら決めた通り、いつの間にか「～をしなくなる」という心理的な作用があるからです。

他方、「～しよう」と決めたことは必要な時に思い出さないので役に立たないのです。いくらダイエットに良いことを「～しよう」と決意しても、必要な時に思い出さないのですから実行できません。「～しよう」と決意するよりも、「～を試してみよう」くらいの軽い気持ちの方が役立ちます。

論より証拠　お客様の声

ジムに通っていた時はあんなに食事に気を遣い、頑張っていても全く痩せずただただ筋トレが苦痛だったのに、ルールを守っていればお酒も飲んだし、デザートも食べたし、たっぷりお肉も食べたし、でも痩せる！！（Sさん・36歳）

論より証拠 お客様の声

食制限といっても糖質カットではないですし、なんなら"どーしてもの時には甘い物を食べてもどーぞ"だったので、それが精神的に良かったのだと思います。（Kさん・37歳）

Section 3-03

守れないルールがあっても自分を責めない

チェックダイエットの目安ルールが守れなくても自分を責めないことです。自分を責めるようになると、決意して頑張ってやるようになったり我慢するようになります。自分を責めるのは百害あって一利なしです。

体重が減ると油断して、「外食したからついでに……」と、言い訳を考えて、甘い物をたくさん食べて体重が増えてしまっても、自分を責める必要はありません。逆に大事な経験なのです。毎日体重を測って、食べ過ぎた後にどうなるかを経験すると、これ以上は食べ過ぎというポイントを覚えるからです。それが、体重をコントロールする習慣になっていくのです。

守れない事があるとダメな自分を責める人はたくさんいます。ダメな自分を責めて暴飲暴食に走ってしまうのです。ルールが守れた経験と守れなかった経験を比べてみれば、きっちり体重に反映されるのが分かります。全ては自分の行動の結果だと身に染みるようになれば、こうすればこうなるという経験に基づく主観的な論理が解ります。どんな論理も他者に教えてもらっている限り他人事です。やれなかった自分を責めなければ自分にとって貴重な経験だと思えるようになります。

論より証拠　お客様の声

ゲッソリした痩せ方とは無縁のむしろ健康的な痩せ方で、実際ダイエット中は疲れ知らず、とても元気に過ごせた。（Aさん・64歳）

論より証拠 お客様の声

体脂肪が減っての減量でなければ、リバウンドしますよね。今もリバウンドせずにいられるのは先生のおかげです。(Kさん・30歳)

Section 3-04

朝食・間食・主食による体脂肪燃焼の時間ロス

チェックダイエットでは、朝食・間食・主食を食べないことで、一日に約16時間体脂肪燃焼時間を確保できるようにしています。逆にいうと、朝食・間食・主食を食べると、体脂肪燃焼を妨げて痩せるための時間ロスが生じます。

例えば、体重55キロの女性の場合で基礎代謝1270kcalとした場合（これは人によります）。一日に16時間の脂肪燃焼時間を確保すると、計算上では、一日で167・9グラム分の脂肪が減らせる計算になります。そのわずかな脂肪でも、毎日燃焼していけば、一か月で5キロの減量になるのです。計算上、一日に最長16時間しか体脂肪が燃やせないのですから、燃えやすい主食や間食を食べたとしたら、そのカロリー分の体脂肪燃焼時間のロスが生じて食べた分だけ痩せるのが遅くなります。上記の女性の場合、主食にあたるご飯茶碗一杯（250kcal）を食べたら、それを燃やすのに3・3時間かかります。

一人前のパスタ（約710kcal）なら、9・4時間分もの時間ロス。間食にあたるショートケーキ（約280kcal）だと、3・7時間分の時間ロスです。主食と間食を食べないでいたら、その間に順調に体脂肪を燃やせた時間ですから二重にロスしています。

論より証拠 お客様の声

気がつくと貯金があまってました。以前はお金があるだけ痩身エステにつぎこんでいたのが、ジムも行かなくなり、自宅で半身浴をするから岩盤浴にもいかなくなり、その代わりといってはなんですが、バーゲンで久しぶりにショートパンツを買いました。（Kさん・37歳）

論より証拠 お客様の声

ナカメでのストレッチ以外何も運動はしていないのに、しっかりとヒップアップしてるもんだから、ショーウィンドーに映る横姿の特にヒップから脚への全体のラインが綺麗になったので、ついつい嬉しくって何度も見てしまうんですよね。（Sさん・37歳）

朝食を抜いて1日2食にするわけ

1日2食の食生活にすると、お相撲さんのような食生活になります。朝を抜いて昼と夜の2食にすると食べる際に吸収が良くなっています。当然、そんな状態でご飯・パン・麺類などの主食を食べると太ります。だからお相撲さんは太るわけです。

ところが、チェックダイエットでは、1日2食にすることによって吸収が良くなる点を逆手に使います。サラダの葉っぱからビタミン・酵素を、夜のお肉・お魚・卵からの動物性タンパク質やミネラルなどを、ダイエットするとどうしても不足しやすい栄養素を効率よく吸収できるようにしているのです。

『1日2食である。しかも、昼も夜も主食系炭水化物は摂らない。副食をいろいろ食べる。お昼は、その日初めての食事。お昼は、消化の軽い生野菜中心のサラダ。付け合せ程度なら、パンやパスタもOK。

夜までに十分にお腹を空かせて栄養の吸収を良くしておく。この点は、他のダイエットとは考え方が違う。夜は、タンパク質を十分に摂る。お肉をガッツリ、お魚をタップリ摂る。』（ナカメダイエットガイドブックより）

論より証拠 お客様の声

体重はデブる前と同じでも、今のほうが断然キレイな体型が手に入った。（Uさん・31歳）

論より証拠 お客様の声

「切らない脂肪吸引」と謳う美容整形術がありますが、効果は微々たるモノのようです。ナカメの整体ダイエットの施術の方が"切らない脂肪破壊"だと確信してます。（Nさん・25歳）

Section 3-06

9時前に夕食をすませる

9時前夕食もできれば守った方が良いルールです。

9時前に夕食を済ませた方がいいのは就寝までの時間を最低3時間は確保したいからです。

まったく太る心配がないのは夜7時台までに夕食を済ませることです。

とにかく夕食の時間が夜遅くなればなるほど太りやすくなります。

夜遅くの食事が太るのはある意味常識でしょう。

夜9時過ぎての食事は確実に太ります。しかも夜9時すぎに丼物、ラーメンなどを食べていればさらに太ります。

消化時間のことを考えると、夜はなるべく9時前に食べた方が痩せやすいのです。

かといって、9時以降に絶対に食べてはいけないということではありません。

夕食の時間は平日は9時すぎで、毎日しっかりお肉だけ食べても赤身のお肉だから全くもたれることがありませんでしたという人もいます。

夜遅くても消化するまでの時間が早いお肉・お魚・卵は食べてもOKです。量的には翌朝に胃がもたれてない程度の量。

論より証拠 お客様の声

周りからは全く何にも言われませんでした……それもそのはず、下半身中心に細くなっていきましたので、ロングスカートばかりの私でしたから、見た目は変わらないんでしょうね。(Kさん・34歳)

論より証拠　お客様の声

最近は友達だけでなく、美容とかにはニブい父までもが「細くなったんじゃない？」と言ってきます。パンツもウエスト61か58が確実に入るようになり、前のパンツが使い物にならなくなりました。（Aさん・19歳）

Section 3-07

禁止食材はなし

生野菜や肉・魚・卵などの推奨する食材はありますが、一方で、絶対に食べてはいけないと禁止している食材はありません。甘い物や主食ですら絶対に食べてはいけない物ではありません。

しかし当然、痩せやすい食材と痩せにくい食材はあります。痩せやすい食材は、動物性タンパク質の肉・魚・卵です。二人前以上ですから食べたことがないぐらいの夜のお肉の量になります。太りそうに想うかもしれませんが、かえって体重は減っているものです。

痩せにくい食材は、間食の甘い物や主食のご飯・麺・パン。これらは体脂肪燃焼を妨げるからです。だからといって、絶対に食べてはいけない物ではありません。主食でも、甘い物でも、連続しない限りたまに食べるのならそれほど減量には影響しないからです。

たとえば、誕生日やクリスマスやお正月というイベントを挟んでも、たまにしかないことですから何を食べても大丈夫です。1回くらいの食事で太ってしまうことはありません。一時的に増えたとしても3日もチェックダイエットをすればすぐに戻せます。こうしたイベントの時は、変に食べないようにしようとしなくても楽しめばいいのです。その方がストレスが溜まりません。食に対するストレスこそダイエットの敵です。

論より証拠 お客様の声

まだまだサイズダウンできそうでしたが、自分自身で十分に満足のいく結果がでましたので本日8回目で卒業させていただきました。（Mさん・30代）

論より証拠 お客様の声

こんなに金と時間を掛けても痩せなかったのに、1ヶ月で7kg近く痩せさせてくれて、リバウンドなし！　しかもチケット購入や入会金がないなんて！（Mさん・49歳）

Section
3-08

糖質を厳しく制限する必要なし

チェックダイエットではシンプルに野菜とお肉を摂る方法を勧めています。主食の糖質類をカットした食事法を勧めているので低インスリンダイエットや炭水化物抜きダイエット、あるいは流行りの糖質制限ダイエットなどと勘違いするかもしれません。

主食として大量の糖質は摂りませんが、野菜、特に糖質が多く含まれた根菜類（ジャガイモ・サツマイモ・カボチャなど）も、副菜として2割くらいまでの量なら適度に摂って構いません。炭水化物（糖質と食物繊維）は大量に食べると痩せません。だからといって炭水化物の摂取が少なすぎるのも困るのです。炭水化物の摂取が少なくなってくると、変に甘い物が欲しくなって、無性にご飯やパンが食べたくなったりします。糖質が不足しているのを身体で感じるからです。しかも炭水化物の食物繊維が不足すると便秘気味になったりもします。

今までのナカメサロンでの経験上、炭水化物の摂取が少なすぎると生理周期が乱れる要因にもなっています。根菜類などの糖質が含まれた野菜が少なくなりすぎないように気をつけてください。

論より証拠 お客様の声

これからは胸を張って、脚を出して（笑）、夢に向かって突き進んで行きたいと思います!!（Yさん・20歳）

論より証拠 お客様の声

体重がそんなに変わらなくても気がつけばしっかり体型は変わるんですよね。外腿やヒップの下の肉がそげて、ヒップとの境がはっきりして、すごく嬉しいです！（Mさん・30歳）

Section 3-09

カロリーの低そうな物ばかり食べない

チェックダイエットはカロリー制限ダイエットではありません。ダイエットを意識しすぎてカロリーの低い物（寒天・コンニャク・もずく・もやし・ノンオイルドレッシングなど）ばかりを選んで食べる人がいます。それはかえって痩せない原因になります。栄養のないカロリーの低い物を選んで食べる必要はありません。カロリー計算は必要なし。これも他のダイエット法とは違う点です。

体脂肪以外の筋肉などを痩せさせないようにするためには、高カロリーのタンパク源が必要です。お肉やお魚、卵が必要です。皮膚や毛髪のためにはお肉やお魚、卵に含まれている脂質も必要です。だから、カロリーが高いからといってダイエットの時に避けがちな焼肉も食べていいのです。カロリーの高い低いは気にしなくて大丈夫です。揚げ物類も食べても構わないのですが、頻繁に食べるのはやめた方がいいです。体重の減りが止まります。

実際のところ、いくら摂取カロリーを落としても望むほどには体脂肪は減りません。カロリー制限をするとかえって栄養不足になって痩せにくくなります。栄養不足状態は痩せにくいのです。

論より証拠　お客様の声

卒業時の体重が49.7でしたが正直いままでで一番やせていた時は48くらいのときもありました。でもその時にぴったりだったパンツが今は余裕があるのです。（Oさん・39歳）

論より証拠　お客様の声

ただ約束事をたんたんとこなせば……どんどん体が変わっていくのが、とにかくすごいと思います！　しかも、バランスよく、ハリのある痩せ方をする。（Nさん・47歳）

Section 3-10

好きな物や美味しい物は先に食べる

チェックダイエットでは食事の満腹感ではなく満足感を追います。

無理にカロリーが低い物を選んで、結果心残りになるくらいなら、食べたい物を、美味しい物を選んで気持ちを満たすことです。

ラーメンや丼もののように同じ物ばかりを食べると満足感ではなく満腹感を追求してしまいます。だからこそ同食しないなのです。

ダイエット中は好きな物や美味しい物は先に食べてください。ダイエット中は、満腹感が早く来るようになりますから、好きな物を先に食べないとすぐにお腹一杯になってしまいます。

好きな物を先に食べる方が精神的な満足感が早く得られます。満足感が早く得られれば量によってしか得られない満腹感は必要なくなってきます。そうすると膨満感につながる食べ過ぎが防げるのです。

だから、美味しい物を先に食べて満足感を追求するグルメの方が痩せやすいのです。肉をたくさん食べるチェックダイエットをして、ご主人に「贅沢グルメダイエット」と言われた人もいるくらいです。

論より証拠 お客様の声

ナカメダイエットはワインを飲みながら、お肉食べて、冷え性・腰痛改善に役に立ち、そして痩せられる。(Kさん・57歳)

論より証拠 お客様の声

主人からは「食べたい物を食べて、大した苦労も努力もしてないくせにズルイ。姑息な手だ(笑)」と言われます。(Hさん・38歳)

Section 3-11

小腹が空いた時の間食はメリハリをつけて

仕事中の空腹が苦痛で、お腹が空く前にカフェオレや春雨スープを飲んだり、ナッツをかじったりして小腹が空いた時にお腹を満たすように間食していた人も、チェックダイエットをやっていると、今はお腹がなると、脂肪が燃えてるぞ！　とうれしくなるくらいになります。

たとえば、チョコレートなどの甘い物が大好きで、食べたくなる時が多々あったとしても、メリハリをつけて食べるようにすれば問題ありません。

仕事が忙しくなるとついコンビニで甘い物を買いたくなっていた人も、チェックダイエットするようになって、ぐっとこらえて、休日にちょっと贅沢なケーキやさんに行ったり、友達とお茶する時は我慢しないなど、ここぞというときにとびきりおいしい物を選ぶようになっています。

実験的に取り組むから、連日同じ事をしないルールでつい食べてしまうことが防げるのです。

連日でない限り、たまにやることはダイエットに影響しません。

毎日の食事状況が体重に面白いくらいに反映されるので、それがモチベーションとなって、小腹が空いて間食していたようなことは避けられます。

論より証拠　お客様の声

友人の父親からは「ウルトラマン体型」と言われ、母からは「ごめんね」と謝られ、凄いコンプレックスでした。一番変わったのはウエストで約7cmも減っちゃいました。何よりもオッパイが小さくならなかったのは有難かったです。（Uさん・24歳）

論より証拠 お客様の声

昔から母に似て、姉妹そろって、典型的な『洋梨型』体型。遺伝には勝てない、と諦めていました。高校時代の体重に戻った今は、とにかくジーンズをはくのが楽しいです。また、体型は遺伝では決まらないと、今でははっきり思えます。(Yさん・40歳)

Section 3-12

間食に甘い物は本当に怖い

空腹感を癒すためにおやつのような間食をすると、せっかくの体脂肪燃焼を中断させてしまいます。しかも何か甘い物を摂ると後でより猛烈な空腹感に襲われます。さらに空腹のピーク時に甘い物を食べるとたいていは食べすぎます。

例えば、冬山で遭難してチョコレートを食べてしのいだ、というような話を聞いた事があるでしょう。チョコレートのような人工的な甘い物は少しの量でもそれだけのエネルギーがあります。もっと怖いのはこうした精製した糖質は血糖値を急激に上げる作用と急激に下げる作用があるのです。血糖値の上がり下がりに翻弄されて何度も食べたくなる中毒性もあります。

甘い物を間食として日常的に食べていたらいくら食事量を減らしても体脂肪が燃える時間はありません。身体は間食で得た糖質のエネルギーを優先的に使いますから体脂肪燃焼サイクルをストップさせてしまいます。

ほんのわずかな甘い物でも食べると血糖値を急激に上げるので、上がった血糖値が落ちてくる時に猛烈な空腹感に襲われます。空腹時に間食で甘い物を食べるのは本当に怖いです。ダイエットには大敵です。

論より証拠 お客様の声

油OKなのが有り難いです。揚げ物、炒め物、ドレッシングなどが組み込めると、かなり食卓は華やかになるんですね。結果は本当に如実に出ました。（Kさん）

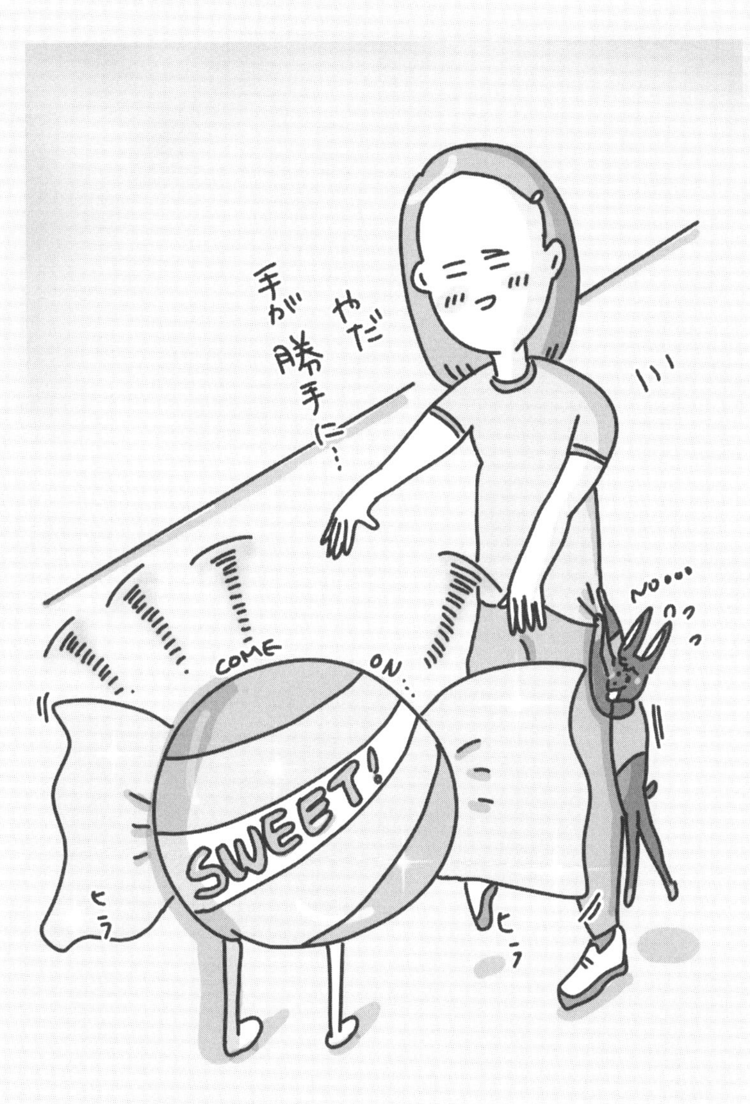

論より証拠 お客様の声

旦那が5号のショートパンツも似合うと言ってくれました。自己流のダイエットでしたら、今の体重なら7号ジャストでした。（Mさん・29歳）

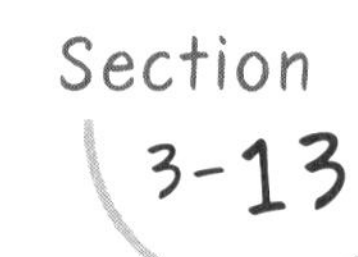

Section 3-13

どうしても甘い物が欲しい時は？

どうしても甘い物が欲しい時は、食後のデザートとして食事との間を空けずに摂ってください。間食で甘い物を食べるよりは食後に食べた方が血糖値の観点からも影響は少なくてすみます。ただし、甘い物は中毒性がありますから常食していると痩せません。やはり食後のデザートも食べない方が早く痩せます。

どうしても甘い物が食べたくなった時はダイエットホリデーやチートデイを設けて食べたい物を食べて構いません。1日くらいなら体重が元に戻ってしまうことはありませんから。

チェックダイエットで生活していると、久しぶりのチートデイでランチにお鮨を食べたら、3時には眠くて仕方なくなるし、4時過ぎにはお腹が空いて空いてたまらなくなる……というインスリンジェットコースターの恐ろしさを身をもって体験した人もいます。

何しろご飯よりお菓子が好きですから、食べてみてどうだったかを自分の身体で実験する事で、ランチを食べたら夜はこの位にしてみよう、甘い物も時々なら大丈夫と、コツのような感覚を覚えたら、食べたいのに我慢している気持はなくなりましたという人もいます。

論より証拠　お客様の声

7回目終了から急に、痩せてる！　と言われ始めました（嬉）♪　元々上半身は華奢だったので下半身だけ痩せても目立たなかったのですが、今までのボトムスが相当ブカブカになってきたので、それで周りに気付かれたみたいです。（Sさん・38歳）

論より証拠 お客様の声

間食・炭水化物中毒から抜け出すまではちょっと辛い時もありましたが、ツボ押しのお陰で、これまでやったダイエットより遥かにラクに乗り越えちゃいました。(Kさん・34歳)

Section 3-14

胃袋をゴミ箱にしない

満腹になっているのに、ゴミとして捨てるのはもったいないからといって、残り物を平らげる人がいます。それは太る元ですから満腹感が来たら食べるのをやめることです。食べ過ぎた分は体脂肪に変わるだけです。

残り物を平らげるのは、自分の胃袋をゴミ箱にしているのと同じです。

子供のちょい残し。子供が食べ残した少しのうどん、ラーメン、たこ焼き1、2個。勿体無いし、少しだし……と思って食べた物は意外と体重が増えます。残り物をもったいないからと、食べたくもない物を食べてしまったら、太るのですからその方がもったいないのです。もったいない教に陥って自分の身体をゴミ箱にしないことです。

生ゴミのままなら簡単に捨てられますが、消化吸収して不要な体脂肪に変わってから捨てるのはとても面倒です。

満腹感を感じても食べようとすればそれ以上に食べられますが、満腹感を感じたら食べるのをやめることです。

少しの残り物だからといって胃袋をゴミ箱にしないでください。

論より証拠　お客様の声

近所だし行ってみよかな？　と軽いノリで行ってみました。ツボ押しも「コレで!?」整体も「コレだけで!?」と、たったコレだけ？　の印象でした！－6kg、体重もそうですが、体脂肪が減ったことがとにかく嬉しいです！（Tさん・49歳）

論より証拠 お客様の声

今まで、スカートはいいんですがズボン系をはくとどうしてもLサイズな私でしたが、今は普通のショップのSです！（Aさん・20歳）

Section 3-15

食べたい気持ちが募って食べるのなら中途半端に食べない

甘い物や主食のご飯・麺・パンは、なまじちょっとだけ食べるとまた食べたくなります。少しだけ頻回に食べるのは満足しない食べ方ですから食べたい気持ちは解消しません。体重は減らない上に罪悪感だけが残ります。

甘い物や主食のご飯・麺・パンを絶対に食べるなとは言いませんので、どうしても食べたい気持ちが募ってきたら中途半端に食べないことです。

身体からの食欲というよりも、食べられないと思う心の食欲が募っているのです。心の食欲は満たしてやれば消えます。それに、1度くらいたくさん食べてもダイエットには影響しません。心ゆくまで食べて気持ちを満たしてください。

満足するまで食べると決めて、罪悪感を持たずに満足する量を食べてください。どうしても主食や間食が食べたい欲求が募るなら、ラーメンなら3杯くらい、ケーキなら1ホール食べるくらいのつもりで食べてください。

無理や我慢を頭でコントロールしようとするのは長続きしません。我慢に我慢を重ねた結果、食べちゃって止まらない〜ではなく、食べたいっ！　と思ったら心ゆくまで食べてください。

論より証拠 お客様の声

上司には「HさんがHさんじゃなくなっていく」と言われ、同僚には「ダイエットすると宣言して結果を出してエライ」と。ついでに写真つき社員証首から下げてるので「使用前使用後」とかいって笑いをとったり(笑)してます。(Hさん・30歳)

論より証拠 お客様の声

「出っ尻じゃなくなったね～」とか「脚が長くなったように見えるね～」とかもいわれます♪屈辱のあだ名「おしりちゃん」を言われることはなくなりました☆（Mさん・24歳）

Section 3-16

飲み物はノンカロリーの物を

飲み物はノンカロリーの水やお茶、ストレートティー、ブラックコーヒーがお勧めです。ノンシュガー、ノンミルクで。

飲み物はノンカロリーであればOKです。しかし水を1日何リッター飲め、というような決まりはありません。

どうしても味の付いた物が飲みたいのであれば、カロリーの低い物を選んでください。たとえば、アーモンドミルクは糖質が少ないので、試してみて体重が増えなければOKです。普通のミルクやソイミルク、オーツミルクなどは糖質が多いので避けた方が無難です。

その他の多少カロリーのある飲み物も、間食時に飲むのではなく、食事と一緒に飲むのであればダイエットに対する影響が少ないです。これも試してみて体重が増えなければOKです。

ダイエット中にブラックコーヒーを試しているうちに飲めるようになる人もいます。

常に甘い飲み物を飲んでいた人も、チェックダイエットをしているうちに甘い飲み物を飲む癖が直ることもあります。

論より証拠　お客様の声

私は過去痩身専門のエステティシャンだったのですが（8年前まで）、この様に短期間で、ここまでバランス良く体質・体型が変化する、させるエステは見た事も聞いた事も。そんなお客様もいませんでしたよ？（笑）（Yさん・35歳）

論より証拠 お客様の声

何よりも嬉しかったのは『足』！　特に『ふくらはぎ』！　新しいジーンズを買う度に、未だに信じられない気持ちなのですが、念願のスキニージーンズをブーツインで歩いている時、心の底から「通って良かった〜」と感謝してます。（Tさん・37歳）

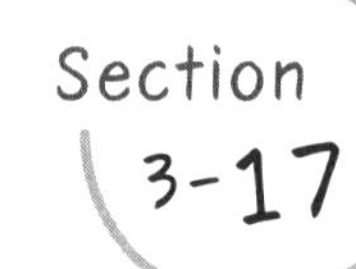

飲み会食事会に出る場合は確信犯で

飲み会やランチ会、仕事での接待など、生活していれば色々な食事がからむイベントもあるでしょう。付き合いの食事で、主食を食べざるを得ない状況もあると思います。そういった場合は、ダイエットホリデーにして、ダイエットの事は諦めて楽しむことを優先するほうがいいです。中途半端にやると楽しくないし、ダイエットにもプラスになりません。

いずれにしても、何かのチェックルールを破る場合は、今から破るという確信犯でやってください。中途半端な気持ちで、ルールを破ってしまったことを、あとで後悔したり反省したりするのは百害あって一利なしです。

ダイエットの最中に飲み会や食事会があると不安でしょうが、1日くらい食べすぎてもチェックダイエットを3日もやったら一時的に増えた分はすぐに戻せます。

ファスティングのように、食べることも飲むことも我慢するダイエット方法は、食事会やお出かけも制限しなければならなくなって継続できないものです。チェックダイエットなら飲み会も食事会も普段通り出かけられます。ただし頻回に飲み会や食事会に参加するのは避けた方がいいです。

論より証拠　お客様の声

かなり口の悪い男友達が、「前見たとき足太っ！　って思ったけど、おまえ足細いなぁ。なんで前はあんなに足太く見えたんだぁ？？？？」って、考え込んでたんです。（Kさん・29歳）

論より証拠 お客様の声

太ももは、右58cm → 49cm・左57.5cm → 48.5cmと、両方で約－20cmにもなりました！！もうビックリしてしまって、「測り間違いだよ〜、一番太いとこを測って」と母に再度測ってもらいましたが、ホントでした。（Mさん・30歳）

Section 3-18

お酒は飲んでも大丈夫！

お酒を制限するダイエットばかりの中で、チェックダイエットはお酒を飲んでも大丈夫です。チェックダイエットではお酒に対する制限はありません。注意点があるとすれば、出来れば、日本酒やビール、ワインなどの醸造酒よりも、度数の高い糖質を含まないウイスキーや焼酎などの蒸留酒がおすすめだというだけです。

しかし、特に制限はありませんので好きなお酒を楽しんでください。

お酒をよく飲む人にはお酒を飲むなという制限がないことがとても有難いはずです。お酒も飲めるので、ダイエット中も始める前と同じ量の飲酒をして痩せたという人もいます。毎日350ミリリットルの缶ビールを2本飲んでいても、3か月で7キロ痩せた人もいます。

年齢的に代謝が悪くなっているしお酒もやめられないし、ダイエットは無理かなと思っていた人もお肉を食べてお酒も飲みながら楽しくダイエットしています。ほぼ毎日ビールは飲んでいても、お酒に対する制限がないので、いい意味でのゆるさがダイエットを続けられた理由になったという人もいます。ナカメサロンには酒飲みのスタッフがいますが、彼女は酒を飲みながら痩せてスタッフになっています。

論より証拠　お客様の声

女らしい体のラインのまま、バストも殆んど変わりません。顔の輪郭はスッキリ、若返った印象。この年になって頬がこけると貧相に見えるので丁度良いです。（Sさん・40歳）

論より証拠 お客様の声

今よりさらに2キロ体重が軽かったときよりも確実に足が細くなっています。太ももは内側に隙間ができ、歩くたびに擦れてイライラしていたのが嘘のようです。(Sさん・32歳)

Section 3-19

運動は必要条件とはしない

体脂肪の燃焼時間を長くするために朝食を食べない、体脂肪の燃焼を中断させないために間食しない、早く体脂肪を燃やすために主食は食べないという、体脂肪を燃やす三つの条件がそろえれば、特別な運動は必要ありません。間食せずに空腹時間を長く確保出来れば普段通りの日常生活の中で体脂肪は十分に燃えてくれます。

好きでもない限り、運動を生活の中に取り入れるのは難しいものです。運動を継続するには努力が必要です。頑張りや努力の必要なダイエットは長続きしません。しかも運動では大して痩せません。

確かに体脂肪をエネルギーとして使うには、筋肉量が多い方がよく燃えますし、有酸素運動をやればよく燃えます。体脂肪をよく燃やすために運動をやれば高めることができます。しかし筋トレや有酸素運動で燃焼効果を高めることが大変なのです。まず運動では痩せるまで続きません。チェックダイエットでは、運動よりも、普段通りの生活の中で痩せるようにします。生活そのものがゆるやかな有酸素運動なのですから、主食や間食で糖質を摂らないで空腹状態のまま日常生活を送れば運動しなくても体脂肪は燃えていきます。

論より証拠 お客様の声

先生に「試着に行ってみたら？」といわれましたので行ってきました〜。結果、なんと！27インチが入りました！（ボタンまで止まってます）まだ3回しか施術してもらってないんですよ？これまでは29インチだったのですっごい進歩です。（Iさん・30歳）

論より証拠 お客様の声

去年なんか、入るのがほんとになくて、やっと見つけたものも店員さんにファスナーあげるのを手伝ったもらったぐらいだったのに……それに比べたら今年は入るブーツの数が5倍ぐらいになったかな（笑）（Kさん・22歳）

Section 3-20

下半身浴をする

ダイエットにとってお風呂は下半身浴が適しています。血液循環の悪い下半身の血行を良くするためです（高血圧の方はやらないようにしてください）。

日本人は欧米人に比べると、少し体温が低いと言われています。それを補っているのがお風呂の習慣です。女性は体の構造的な問題から、さらに下半身の血液循環は悪いのです。まして、冷え性の女性はなおさらです。

ダイエットしても下半身の体脂肪は残りやすいので、チェックダイエットでは下半身の血液循環を良くするために下半身浴をお勧めしています。ぬるめのお湯に長く入るリラックス目的の普通の半身浴とは違います。熱めのお湯で、短時間入ります。体感で我慢出来るくらいやや熱め。身体が温まる入浴剤を使うのもおすすめです。ただし胸や肩は浸けないでください。浸けるのはおへそまで。下半身を温めてその温かさが上半身におよんできたらOKです。長くても15分くらい。湯船から出たあとで、下半身に冷水をかけると、下半身が瞬時に赤くなるはずです。サッとかければ十分です。温冷の差で毛細血管を引き締めます。毛細血管が冷水によって引き締まると、お風呂を出てからじんわりと下半身が温まってきます。

論より証拠　お客様の声

バランス整体やツボ押し＆サイズダウン整体で身体の中からも整えられているのですか？　ホントにびっくりしました！！　嬉しい☆（Tさん・31歳）

論より証拠 お客様の声

13号のブサイクな下半身ちゃんが、今では9号か7号の美人ちゃんに大変身です!! 7号なんて子供服かいっ! って思っていた時代がなつかしい〜。(Uさん・39歳)

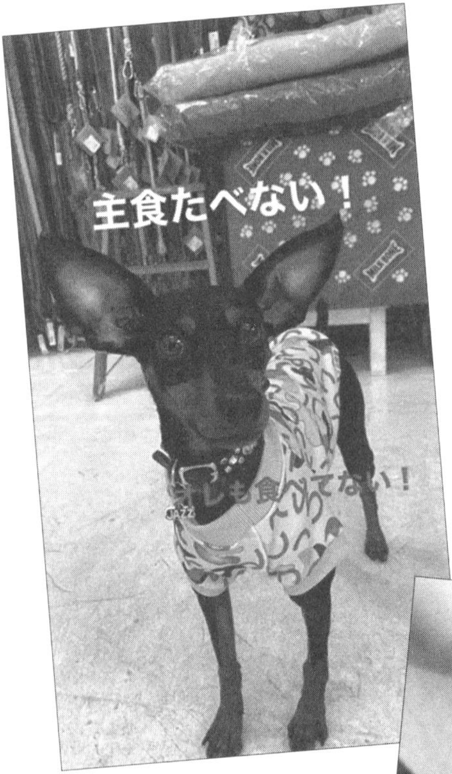

主食たべない！

[illegible]食べてない！

昼サラダ♥

葉物8割トッピング2割！

Chapter 04

ダイエットで気になること

Section 4-01

試着をしましょう！

チェックダイエットを楽しむためには、試着が欠かせません。数値に変化がなくてもサイズに変化があることがあります。体重や体脂肪率の数値だけで痩せたかどうかを判断していると、サイズダウンしていることに気づきません。

特に体重の減りが停滞した時にはサイズが変わっています。ユニクロ・GAPなど、どこか気軽に試着出来るお店へ行って試着してください。入らなくても試着には意味があります。入った時は大いに喜んでください。ダイエットがうまくいってサイズダウンしています。試着に行けば痩せたらどんな服が着こなしたいか楽しいイメージが膨れてきます。

けれども、自分の持っている古い服を着てみるのは、試着ではありません。以前着ていた服がまた着られるようになっても、その服にまつわるイメージは古いままです。着られるようになっても大した喜びはありません。

他方、新しい服には新しいイメージがついています。痩せたらどんな服が着こなしたいか楽しいイメージが膨れてきます。着こなしている楽しいイメージがダイエットを引っ張ってくれます。その楽しいイメージが、あなたがもっと痩せるのを援けてくれるのです。

論より証拠 **お客様の声**

ダイエット前は可愛い服を試着しても、自分の足の太さを見てへこむので試着が嫌いでしたが、今は鏡で自分の脚を見るとテンションが上がります！　おかげで、自分の一番嫌いな部分を好きになれました。（Sさん・26歳）

論より証拠 お客様の声

確かに体重はお腹を壊せば簡単に数キロ減りますが、戻るのもすぐ。体脂肪が重要なんだなぁと実感しました。そして気づけばパンパンだったパンツもゆるゆるに。腰から太もも、まさに下半身が痩せました。（Eさん・42歳）

Section 4-02

セルライトについて

皮下脂肪が燃えて脂肪細胞が小さくなれば、運動でも食事制限でも取れないといわれるセルライトは徐々になくなっていきます。セルライトは脂肪細胞の周りに取り付いている老廃物ですから、脂肪細胞が痩せればなくなっていくのです。

下半身浴を欠かさないようにしていると、下半身のセルライトはなくなっていきます。チェックダイエット方式の下半身浴をやれば、セルライトをなくすためにエステに行ったりクリームやサプリメントは不要になります。

エステのセルライトダイエットに大金払って痩せなかった人も、教わったルールを毎日クリアするのは難しいものの、チートした日も全然ありという気持ちで取り組んで、結果4・5キロ減になって、セルライト妖怪だった後姿が変わってご主人に驚かれたそうです。

エステのセルライトダイエットでも取れなかったのに、下半身浴を毎日欠かさないで、気楽な気持ちでルールを守っていたら、約1ヶ月で下半身の脂肪量がどんどん減っていつの間にかセルライトまで激減して嘘みたいです、となっています。

論より証拠 お客様の声

下半身太りの私の体型。これまで減量しても、上半身が先に減って、下半身の贅肉が落ちた時は上半身ガリガリ！　遺伝と諦めていた下半身痩せが実現でき、本当に言葉に出来ないくらい感謝の気持ちでいっぱいです！（Mさん・40歳）

論より証拠 お客様の声

ちょっと他の物を食べたり友達とのランチなどもして、違反した時の乗り切り方も経験した方がいい、と勧められたりもして気楽に続けられたと思います。Uさん・51歳)

Section 4-03

便秘について

ダイエットすると食べる量が少なくなるので、当然、お通じとして出るものも少なくなります。便秘がちな人は、よりお通じが少なくなります。だからといって、便秘薬に頼るのはやめてください。対策の1つは、昼食のサラダの量を増やすことです。2つ目の対策は、昼食や夕食の副菜としてのトッピングに食物繊維の多いものを増やすことです。にんにく、ごぼう、しいたけ、ブロッコリー、オクラなど。検索して調べて食物繊維の多い食品を増やしてください。

それでも便秘で不快な時は、MCTオイル（7グラム）をサラダなどにかけて摂ってください。ダイエット中の便秘にとても効果があります。

ナカメのお客さんの経験によると、もともとかなり頑固な便秘症の人も、薬に頼ることがなくなっています。MCTオイルをドレッシング代わりに使うことがもっとも効果があったそうです。チェックダイエットをやって万年便秘から解消されたと喜んでいる人もいます。ダイエット中のMCTオイルで30年以上続く便秘が解消した人もいます。信じられないくらい毎日快便！　が続いていて、腸の調子が良いせいか、肌もワントーン明るくツヤもよくなったという人もいます。

論より証拠　お客様の声

大好きなお肉とお酒を飲んでよく、苦手な運動をしなくてよく、なのに痩せられて、太ももで上がらなかったズボンが履けるようになったのが、嬉しかったです！　昔から、太ももお尻が大きかったのですが、本当に下半身痩せしました。（Mさん・41歳）

論より証拠 お客様の声

パンツのサイズが2サイズ以上変わったのも嬉しいのですが、何より、食べることへの恐怖や罪悪感がなくなり、精神的に楽になれたことが一番満足しているところです。（Tさん・33歳）

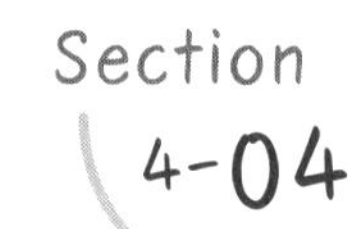

生理前の体重増加について

ほとんどの人は生理前には体重が増えて終わったら減ります。食欲も亢進します。生理前は身体にいろいろなものを溜め込む時期ですから、ヒトの身体の生理的反応として仕方ありません。生理前の身体的変化や心理的変化は、ヒトであるかぎり当たり前です。

しかも生理前はホルモンのバランスが崩れるので、ルールが守れなくても仕方がないのです。生理前の体重の増減は気に病まないほうがいいです。生理前の体重増減は当たり前と思って、淡々とチェックダイエットに従って過ごすのが一番です。

チェックダイエットを経験しているうちに生理前の過ごし方が分かってきます。生理前の過ごし方が分かってくれれば、体重の増減に一喜一憂しなくなります。

「生理前に1・5キロ増えていつもの生理前の食欲増だったようで生理が始まると自然に体重も戻りホッとしています」とチェックしていれば分かってきます。「生理前後の2週間は停滞。今までは生理前は2キロほど体重が増えていたので、増えなくて嬉しかった」という人もいます。

「生理前はいつもより食欲旺盛で体重減少が停滞気味ですが、生理前は皆なるものだと知りましたので、あまり深く考え込まずに淡々とやっています」というように過ごせばいいのです。

論より証拠 お客様の声

私は何十年もダイエッターでしたので痩せるイコール食べない！　が鉄則でしたが、ナカメは真逆。（Oさん・45歳）

論より証拠 お客様の声

2週間で身体はすっきりし、ナカメ式ダイエット整体をやって良かったと実感した。日ごとに体重、体脂肪率、身体年齢と数値に現れてきたのが喜びと続ける楽しみになって行った。(Yさん・50歳)

生理について

ダイエットすることによって、人によっては生理が遅れたり、生理が止まったりする可能性はあります。

大半の人は生理が正常なまま痩せるのですが、ダイエットを頑張ってストレスにしてしまうと生理が遅れたりします。少数ながらそうした方もいらっしゃいます。チェックダイエットに生理が遅れたりするリスクがあることをお断りしておきます。

生理が不調なら糖質が不足している可能性があります。その場合は副菜としてジャガイモやサツマイモ、カボチャなどの根菜類を増やしてください。

もう一つの理由は、早く痩せたいあまりに急激に痩せ過ぎているのです。1ヶ月の減量が体重の5%以内になるように調整してください。

生理に影響が出たという人から、「反省点を挙げると、炭水化物（かくれ炭水化物を含め）を昼にまったく摂ってませんでした。野菜もほんのちょびっと。これじゃ生理がとまるわけです。ルールを守れば安全なのですが、やはり一刻も早く痩せたいという願望がある場合は、どうしても無理してついルール違反しがちなんですよね」という感想をもらっています。

論より証拠 **お客様の声**

コンプレックスだった脚もほっそりと、膝の上の肉が軽くなり、太ももに隙間ができた時の感動は凄かったです。（Yさん・25歳）

論より証拠　お客様の声

軽めの悩みは、ヤセ過ぎでは!?　と周囲に心配される事です。頑張らなくても、痩せをキープできます。実験しながら、個人のポイントを見つけられます。(Nさん・44歳)

Section 4-06

産後のダイエット

出産経験を経てたいていの女性は太ってしまいます。子どもに栄養が行くようにとたくさん食べますし、出産を経ても食べ方が変わらないからです。産後にダイエットしたくなるのは多くの人の望みです。しかしまだ授乳中の人はどんなダイエットもしない方がいいです。子どもさんに回る栄養が少なくなってしまうからです。ナカメサロンでも断乳・卒乳前のお客さんはお断りしているくらいです。チェックダイエットするなら断乳・卒乳時に開始してください。

論より証拠として、ちょっと長いですが経験談を紹介します。『断乳とナカメが重なってしまい、最初はどうなるかと心配でした。ナカメでは「コッテリな副菜、主食抜き」がポイントなのに、断乳指導では『コッテリは駄目、御飯（和食）が中心」だったんですもの……でも、自分の体と相談しつつ、私はナカメダイエット（チェックダイエット）を選びました！　そして、その選択が間違っていなかった事にこの結果をもって大いに納得しています。断乳指導の先生も予想していなかった、ナカメとの相乗効果。断乳によって行き場を失ったエネルギーが皮下脂肪として蓄えられることなく、ダイエットで消化されたので、オッパイは全くのトラブル無し』（32歳Sさん）

論より証拠　お客様の声

69.7キロあった体重は、今朝の測定では56.8になっていました！　これには私も家族もビックリ。普通に食べていますが体質が変わったんでしょうね。今までどんなダイエットも効かなかった私が、おかげでスッキリと減らすことができました！（Mさん・52歳）

論より証拠 お客様の声

何よりの励みは体のラインが全然変わったという事!! 大好きな買い物が、本当に楽しくて今まで着れなかった形の洋服も着こなせるようになり感動の毎日です！（Yさん・36歳）

Section 4-07

更年期のダイエット

更年期でホルモンバランスがくずれていると痩せにくいと巷では言われていますが、そんなことはありません。痩せにくいことはあっても、痩せない訳ではないのです。ナカメサロンでも更年期前後のお客さんは多いですが、更年期で痩せにくい体質でも痩せています。

チェックダイエットすれば更年期の方でも健康的に痩せられます。論より証拠で示します。

「痩身エステに何年も通いながらも体重は増え続け、更年期だし、仕事は料理関係で食べないわけにはいかないし、もう何をしても痩せないのではと諦めていましたが、やればできるんですね！」（54歳、Hさん）

「更年期で代謝も悪く、薬の副作用もある為に痩せにくい時期だとお医者さまにも言われていたのに、ナカメルールを守っただけで痩せただけではなく、指の関節の痛みまでなくなりました。」（Sさん・57歳）

「ここ数年毎年人間ドックで体重も体脂肪も1kg／1％ずつ上昇していたので、ドクターにいい加減何とかしないとダメですよ、と言われていましたが、今年は『本当によく頑張りましたね、理想の痩せ方です！』と褒められました！（本人の頑張りなんて全然不要でしたけど！）」（49歳Sさん）

論より証拠　お客様の声

2ヶ月間、大変お世話になりました！通いはじめに想像していたよりも、はるかに成果が出て、とても満足しています。周りの人たちからも、「痩せたねー」「何したの？」と驚かれています。（Kさん・39歳）

論より証拠 お客様の声

昼サラダ、夜お肉、アルコールOKの生活は全く苦では無く、毎晩晩酌するので、お昼が軽い分、夜のお肉&晩酌が楽しみになりました。本当に、何も我慢してないから続けられるんだと思います。(Yさん・42歳)

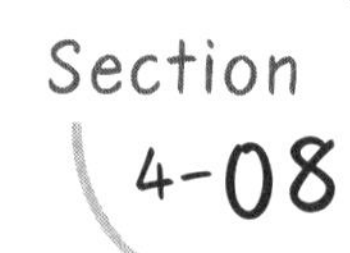

このダイエットには卒業がある

2ヶ月チェックダイエットをやれば結構痩せているはずです。3ヶ月めに入ったら痩せにくくなりますから2ヶ月終えたらダイエット卒業の時期。もっと、もっとと痩せるのを引き伸ばさないことが大事です。痩せにくくなっているのに痩せようとすると意志で頑張るようになるからです。意志で頑張ったらリバウンドします。もしもっと痩せたかったらしばらく維持をして痩せた時の体重に慣れてから再開した方がいいです。

チェックダイエットを終えてみて、痩せる前はどんなでしたか？　チェックダイエットの中にどんなことに気づきましたか？　ダイエットの結果はどうでしたか？　痩せた今はどんな喜びがありますか？　誰かに褒められませんでしたか？　こうしたことを振り返って書き記しておくとリバウンドしにくく維持もしやすくなります。

痩せる前と痩せた後の変化や出来事を振り返ってSNSなどに投稿することによって、チェックダイエット中の気づきが意識化されます。どうやったらどうなるか、こうやったらこうなると経験を通して身体で分かったはずです。それをコトバによって意識化すると、分かったことを忘れません。意識化できればリバウンドが防げます。

論より証拠　お客様の声

今までダイエットをしていた時にも同じくらいの体重になったことはあったのですが、当時よりも、今の方がだいぶサイズダウンしているように感じます！（同じ体重でも2サイズくらい違うような……！）（Iさん・30歳）

論より証拠 お客様の声

終わってみれば、6キロ減、体脂肪が大幅に減りました。からだが軽くなった感じです。（Sさん・61歳）

Section 4-09

リバウンドの心配は不要

チェックダイエットに成功したら、痩せた体型と体重を維持するのは簡単です。頑張ってダイエットしなかったら、リバウンドを防ぐのは、ダイエットよりも簡単なのです。チェックダイエットは減量より維持の方が簡単になっています。

頑張って生活習慣を大きく変えるダイエットは、リバウンドの危険性が大きいものです。食べ物を大きく変えるダイエットはリバウンドの危険性は大。食事制限によるダイエットは我慢していた分だけ大きな反動があります。普段の生活でほとんど運動をしなかった人が、ダイエット中だけ運動して痩せても、運動をやめればすぐに食べた物のエネルギーが余ってしまってリバウンドしてしまいます。

チェックダイエットに成功した暁には、身体に溜め込んでいた要らない体脂肪がなくなっている状態です。身体に溜め込んだ体脂肪はありませんから食べ物から摂るしかありません。もう余分な燃やすべき体脂肪はないのですから、ダイエットに成功したらダイエット中のような食事をする必要はありません。朝食と主食と間食に気をつければ維持は簡単。もし食べ過ぎて増えたらチェックダイエットを3日もやれば戻せます。

論より証拠 **お客様の声**

スイーツ一個くらいでは体重が変わらないし、その一個を味わうことでめちゃ満足感があること（今までは罪悪感がありつつダラダラたくさん食べてしまっていた）など、食べるということを楽しむ感覚に気づきました。（Yさん・39歳）

論より証拠 お客様の声

産後、入らなかったスカートも楽々はけます。痩せたことはもちろん嬉しいのですが、それより何よりも2か月で「よい習慣」を無理なく身に付けられたことが、ナカメに通って本当によかったなって思います。(Oさん・36歳)

間食しない！
夜 肉！
ッツリわ！

Chapter 05

下半身太りを解消する ためのダイエット

Section
5-01

特許取得済みの下半身ダイエットシステム

ダイエットだけならこのチェックダイエットを2ヶ月やれば平均で5キロくらいは痩せられます。

しかしながら、下半身痩せに関してはダイエットするだけでは痩せません。

下半身太りを川の流れに例えると、川は曲がりくねった所が澱みます。身体も血流が悪いところに皮下脂肪が溜まります。川の流れが急なところは澱みません。身体も同じで血行の良いところに皮下脂肪は溜まりません。要は下半身の血液循環を良くしてダイエットすればいいのです。

下半身痩せを研究してきた結果、特許取得済みのダイエットシステムとしてナカメ式下半身ダイエットを開発しました。3つの整体を使った短時間の施術（1回／45分）によって短期間に低料金（1万3千円）で目に見える結果が出せるようになっています。

ナカメ式下半身ダイエットは、下半身痩せに必要な3つの整体を受けることが前提です。

2ヶ月8回で5キロ減量2サイズダウンしてTシャツとジーンズの似合う身体を目指します。

論より証拠 お客様の声

体重は1〜2キロ減くらいでそんなに変わりませんが、体脂肪が減りお腹のぽっこりとタレ尻がひとまわり小さくなったことが嬉しい成果です。（Aさん・55歳）

特許証

特　許　証
(CERTIFICATE OF PATENT)

特許第６２７６５００号
(PATENT NUMBER)

発明の名称 (TITLE OF THE INVENTION)　ダイエットシステム

特許権者 (PATENTEE)　東京都目黒区青葉台１丁目２９番６号
株式会社ナカメ

発明者 (INVENTOR)　松田　大司

出願番号 (APPLICATION NUMBER)　特願２０１２－２５６９４９
出願日 (FILING DATE)　平成２４年１１月２２日(November 22, 2012)
登録日 (REGISTRATION DATE)　平成３０年　１月１９日(January 19, 2018)

この発明は、特許するものと確定し、特許原簿に登録されたことを証する。
(THIS IS TO CERTIFY THAT THE PATENT IS REGISTERED ON THE REGISTER OF THE JAPAN PATENT OFFICE.)

平成３０年　１月１９日(January 19, 2018)

特許庁長官 (COMMISSIONER, JAPAN PATENT OFFICE)
宗像直子

論より証拠　お客様の声

今まで、ダイエットするときにも朝食は抜いてはいけないと思い込んでいましたが、総カロリー量を減らすためと、脂肪を燃焼させるために空腹時間を長くするためには、理に適っていると思います。（Yさん・40歳）

Section 5-02

食欲を抑制するためのダイエット整体

ダイエットの最大の敵は食欲です。一般的なダイエットをするときに最もネックになるのは、食欲との戦いでしょう。その他のダイエット法では、食欲は敵になりますから、食欲と戦わなければなりません。食欲が抑えられればダイエットはとても楽になります。

ダイエット整体が効くと食欲が抑制されるので、食欲との戦いがなくなりますから、他ダイエット法と比べて、とても楽なダイエットになります。食欲が抑制されるとダイエット中にひもじい思いをすることがなくなります。チェックダイエットもさらにやりやすくなるのです。

ダイエット整体は、食欲を抑制するための整体です。ダイエット整体のツボ押しによって、空腹感が軽くなり、満腹感が早くきますので、楽にダイエットできるようになります。しかも薬などで効かせるのではないので副作用がありません。

そのことによって、ナカメ式下半身ダイエットは、よく知られているような食事制限ダイエットではなく、食欲抑制ダイエットになります。ダイエット整体（ツボ押し）が効いて、食欲が抑制されている状態を前提としているからです。

論より証拠　お客様の声

先ずは生活習慣が変わり、意識が変わり、今まで見えなかったものがクリアになってきました、他人にはわからないけれど、私の中では目標体重に近づくにつれ、いろんなことが変わったのです。（Kさん・50歳）

ダイエット整体

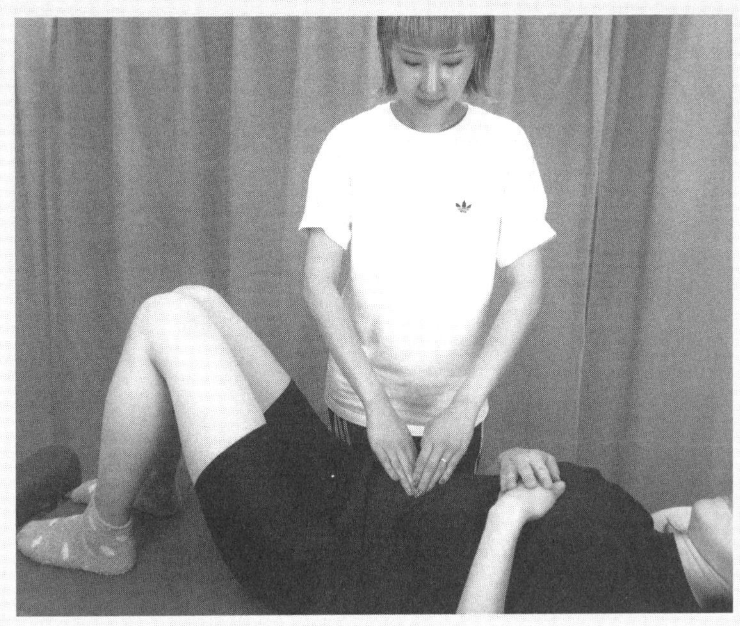

論より証拠 お客様の声

最後になると、体重が増えてもどうせ戻せるからと不安に感じなくなり、そんな自分に驚きでした。これまで、それこそ中学生くらいから、自分が太っているのは体質だとか、小さいころ運動出来なかったからだと思い込んでいました。(Iさん・26歳)

Section 5-03

下半身を重点的に痩せさせるサイズダウン整体

ダイエットシステムとして日本の特許を取得済みのサイズダウン整体は、下半身の血流循環を良くして、溜まっていた老廃物を流れやすくして、下半身を引き締めるためのものです。筋トレとストレッチを同時にしたようなサイズダウン整体によって、筋肉全体の7割を占めるという下半身の筋肉を広範囲に微細に壊した状態を作ります。

原理的には、例えば、何かにぶつけた所は、熱をもったり腫れたりする身体の作用があります。熱をもったり腫れたりするのは、壊れた内部組織を修復するために血液が集まってくるからです。局所的な怪我なら熱をもったり腫れたりしますが、身体の持つその細胞修復作用を利用して、人為的に広範囲に微細に筋肉を壊した状態を作って、身体に悪影響のないようにして下半身に血液を集めるのです。

そもそも血液の流れの良いところは新陳代謝が盛んになる作用がありますから、その作用を利用して下半身痩せを促進させるのです。

上半身に比べて下半身の血行が良くなりますから、下半身中心に皮下脂肪が燃えるようになります。

論より証拠 お客様の声

胸が痩せたり、顔がげっそりしたりすることがなく、更には以前より健康的になりました。（Tさん・40歳）

サイズダウン整体

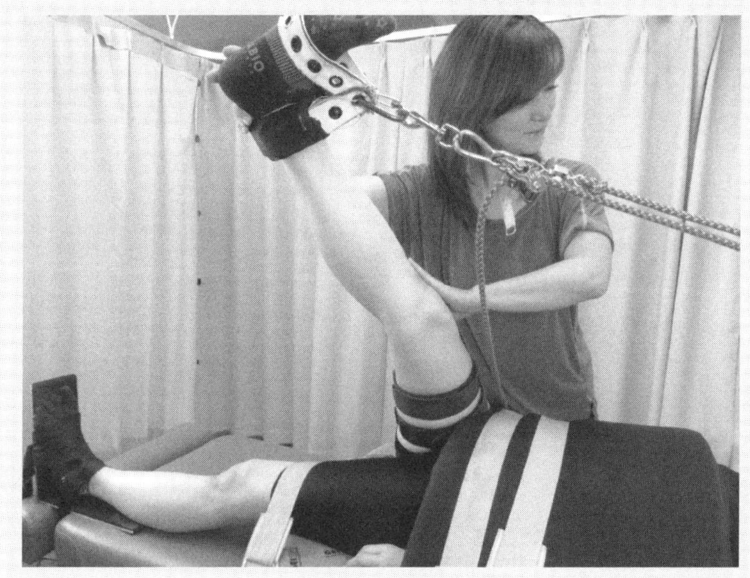

論より証拠 お客様の声

言われた事をしただけでも面白いように体重が減っていく、私にぴったりのダイエットでした。頭と体に納得させながらなので、体重が減らなくても、こうだから減らないんだ！　と理由がはっきりわかりましたので気持ちが楽でした。(Nさん・52歳)

Section 5-04

綺麗に痩せるためのバランス整体

普通のダイエットのように、ただ痩せるだけでは綺麗なスタイルにはなりません。バランス整体は、歪みのある身体を整え、スタイル良く痩せるために施術します。

バランス整体には米国特許を取得しているナカメ式足指バンドを使用します。このナカメ式足指バンドを使用して身体のバランスを整えていくので、下半身が重点的に痩せるだけでなく、全体的なスタイルも良くなります。単に痩せるだけの他のダイエット法との大きな違いです。

『何よりも「ナカメ式足指バンド」の効果だと教えてもらった、脚の真っ直ぐ感！　湾曲していたのにスッと伸びて、ししゃものようだったふくらはぎがすっきり。膝の形もきれいになってきて、ミニ丈のスカートもカッコよく着られるようになりました。』（53歳Sさん）

『O脚が悩みで意識しないと脚が閉じれず、マッサージや運動も続かず体重も変動がさほどない体型でした。ナカメルールを実践してから自分の乱れた食生活もコントロールができるようになり体脂肪は4％近く落ちて見た目に変化がありました。ナカメ式足指バンドを使うことでO脚も治ってきていて、自然と脚が閉じていることに気づき変化をとても実感しました！　自分一人では途中で諦めてしまっていたと思います。』（24歳Oさん）

論より証拠　お客様の声

頑張ってダイエットをしている意識は全くなく、意外とできるんだ！　と言う喜びや思ったほど大変じゃない!!　もう二度と痩せないと諦めていた私がまた痩せられた。（Kさん・54歳）

ナカメ式足指バンド

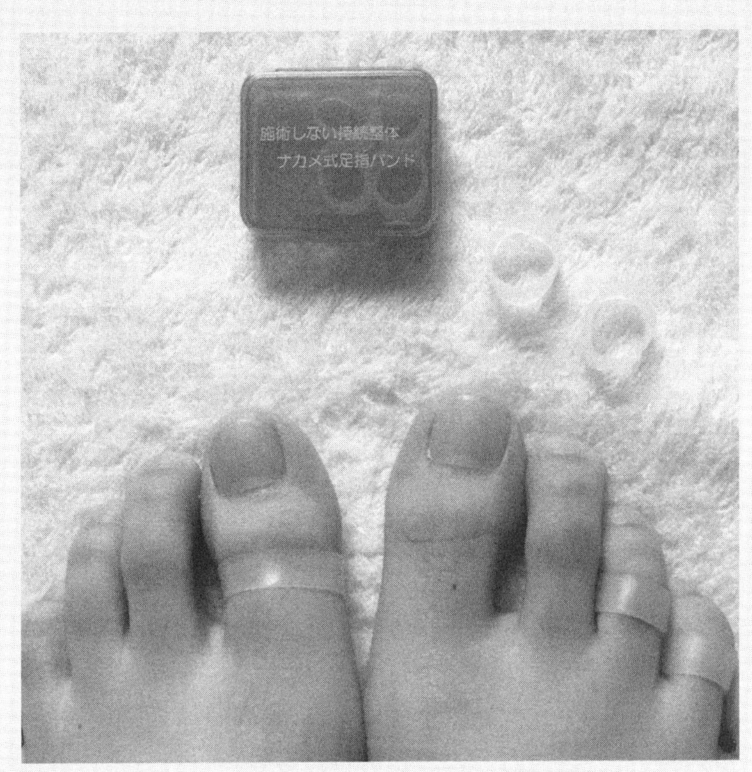

論より証拠　お客様の声

始める前は今夏に水着を着ることなんて考えてもみませんでしたが、8月、9月のビーチ旅行で思いっきり水着が着られそうです♪（Kさん・37歳）

Section
5-05

親子3人の下半身ダイエットエピソード

最初に、Tファミリーの次女Kさん（28歳、169cm）が、来られたときは体重53・9キロ、体脂肪率20・1％でした。「最近、友達に後ろ姿が違う、モデルみたい、と言われます」と、8回目に来られたときには、体重は51・1キロ、体脂肪率は14・7％になっていました。太腿でサイズ合わせしなければならなかったジーンズがウエストサイズで選べるようになって、2サイズダウンの下半身ダイエット。

「サイズでなくデザインで洋服が選べるようになったのが嬉しいですね。ブティックに行くのが楽しくなった」とは、妹の脚が細くなったのを見て来られた長女のAさん（30歳、170cm）。2ヶ月8回来て7キロほどの減量。2サイズダウンの下半身ダイエットで、W70では太腿がきつかったパンツがW64が楽に入るようになった、と嬉しそうでした。

最後はお母さんのMさん（57歳、164cm）。6回で7キロの減量、3サイズダウンの下半身ダイエットになりました。「子供たちが私と同じように下半身太りで可哀想に思っていたけれど……、みんな綺麗に下半身ダイエットできたのを見ると、そうじゃなかったのですね」という、お母さんの言葉が印象的でした。

論より証拠 お客様の声

自分の身体を今一度見直す良い機会だったと思っています。−5キロ2サイズダウンをクリアできたので満足です。キツくなりクローゼットにしまってあったデニムもゆるくなっていたし、痩せたねって言われる事も増えました。（Kさん・40歳）

論より証拠 お客様の声

スタート時より約6〜7kg減。人生で一番太っていた8月、その時より約10kg減!!!　体年齢は55歳→48歳(←まだ高いけど　笑)ジーンズサイズは31→28。40歳を超えた私がこんなにも痩せられるとは思ってもいませんでした。(Oさん・42歳)

スタッフは全員ナカメサロンの卒業生

『中高とバレー部で鍛えられた下半身。約15年下半身太りに悩み、あらゆるダイエットを自分なりに試してきました。

運動、食事制限、マイクロダイエット、ホットヨガ、ピラティス、エステ、矯正下着……。でもどれも痩せない。完全なダイエットジプシーでした。

そんな私が、ここで最後にしたい。と思って行ったナカメサロン！

楽しく通って2か月で6キロ減量、パンツのサイズは約3サイズおちました。

金額最少、期間最短で、15年来の悩みが解消されました。

「15年間悩んでいた私は何だったのか……！　ナカメはすごい！　ナカメの技術を下半身ダイエットジプシーになっている人たちに伝えたい！」と思い、卒業と同時に研修に入り、スタッフとなり16年。戻っていません。

常に新しいダイエットが出てくる中、16年たった今でも下半身痩せに関してナカメサロンは最強です！笑。』

ナカメ卒業生のスタッフ須田の体験談

論より証拠　お客様の声

体重の変化を記録するのも楽しくて、グラフの目盛りを切り貼りして足しました。だって体重がぐんぐん減るので目盛りが足りなくなっちゃって！　楽しくない訳がないですよね？（Yさん・60歳）

スタッフ集合写真

論より証拠 お客様の声

今シーズン購入していたパンツはゆるくなり、昨年入らなくなったスカートやラインの出るワンピースを着てみたらスッキリ着ることができ、とても嬉しかったです。（Sさん・52歳）

おわりに

編集者の山田稔さんに勧められての初の著書です。書き上げて良かった、と山田さんにはとても感謝しています。

彼と知り合ったのは、本を書きたい人たち向けの出版セミナー。彼は講師でわたしは受講生。セミナーが終わっての打ち上げの席上で、彼に向かって本を書くのは諦めますと宣言したの覚えています。

本が売れないという現今の出版事情から話してくれました。納得できる話で、出版社が出したい本と著者が書きたい本は違うことがよく解かったのです。本を書きたい人は世の中に沢山いますが、大事なのは読者であって、読者に有益かどうかで企画が立てられるのだ、と。

今まで本を出すのは諦めていたのですが、今回は山田さんから声がかかっての執筆でした。経営している中目黒下半身ダイエット専門整体サロンの実績を知ってくれているからでしょう。即答しました。ありがたいことです。

その後、何度か打ち合わせをして、ラフな目次が出来上がった時の打ち合わせで、彼がこのチェックダイエットで痩せていることを打ち明けてくれました。試してみて痩せたら帯に書けるからという事でした。

彼に触発されてわたしもチェックダイエットを始めたのです。ナカメサロンのスタッフたちは全員ナカメサロンの卒業生。チェックダイエットの経験者です。わたしだけが未経験でした。なぜダイエットしないのか、とスタッフに訊かれても、俺は監督だからコーチのスッタッフとは違うのだ、とうそぶいていました。

今回は山田さんに触発されて自分もダイエットすることにしたのです。チェックダイエットを試し始めました。チェックダイエットはナカメのお客さんたちの経験の集大成で作ったものです。理屈はよく解かっているし、チェックダイエットすれば痩せるという自信と確信があるし、お客さんへのカウンセリングやアドバイスは得意です。

ところが、アドバイスしてお客さんを痩せさせるのと自分がダイエットするのとは違いました。毎日体重を測っても、痩せていかない現実があったのです。

しかし生活を振り返ってフィードバックするのは習慣。ようやく分かったのは、単に食べ過ぎている、ということでした。執筆の前後から、高タンパク低糖質のカップヌードルがあるということを知ってそれに嵌っていたのです。低糖質だから大丈夫と思い込んでいたのです。

チェックダイエットは身体を痩せモードにするためのもの。痩せモードは個々人によって違います。朝のカフェオレ1杯で痩せなかった人もいますし、毎日1リッターのビールを飲んで痩せた人もいるくらい個別性があるのです。

わたしの場合は、食べ過ぎていないという思い込みがダイエットの邪魔をしていました。食事は食べた時の満足感が必要です。だから単品ダイエットを否定するのですが、思い込みで単品ダイエットの罠にかかっていたのです。いろいろな味変で食事を楽しむと満足感がありますが、食べている時に満腹感まで求めると食べ終わってから食べ過ぎたという膨満感に陥ります。わたしは食べ過ぎていないという思い込みがあったから食べ過ぎているのに気がつかなかったのです。体重計の数値が教えてくれているにも関わらず。

カップヌードルを食べるのを止めました。食事を楽しんで美味しかったという満足感で食事を終えると、後でいい感じの満腹感が来ます。しかも痩せ始めました。

実感して初めて身体で分かったのです。わたし自身も理屈と経験の違いを改めて噛み締めているのです。読者が、試してみて、感じてみて、比べてみることで、チェックダイエットに成功するよう願ってパソコンを閉じます。

ナカメ式下半身ダイエット整体サロン店舗一覧

各店舗のホームページは【地域名　下半身ダイエット】で検索してください。

店舗名	所在地
中目黒本店	東京都目黒区青葉台1-29-6 ランオンズマンション中目黒211
札幌店	北海道札幌市北区北七条西4丁目1-1 東カン札幌駅前ビル1011
石巻店（準備中）	宮城県石巻市元倉1-18-20
つくば店	茨城県つくば市研究学園5丁目2-2 TOCOBLDG102 美粧院和内1室
町田店	東京都町田市原町田2-8-2　IS21 301
横浜店	神奈川県 横浜市神奈川区台町11
静岡店	静岡県藤枝市3-14-1　ソフィアビル3階
大阪店	大阪市中央区南久宝寺町4-3-11-607
神戸店	兵庫県神戸市東灘区北青木3丁目22-19　フォレスタ福1F
松山店	愛媛県松山市松前町3丁目1-2　門田ビル1F
沖縄店	沖縄県那覇市安謝2-29-35　House YAMA 2F

https://www.diet-seitai.com/

著者紹介

ボス 松田（ぼす まつだ）

ナカメ式下半身ダイエット専門整体サロン　代表

東都リハビリテーション学院　身体均整学科　卒業。
医学的に不可能と言われていた下半身痩せの原理を発見し、下半身ダイエットの方法を発明して、2004年に中目黒で下半身ダイエット専門整体サロンを開業。
下半身痩せ1万人以上の実績と体験者の声で綴った「下半身ダイエット　論より証拠ブログ」2619件の実績がある。

ダイエットは頑張るな!
チェックするだけでみるみる痩せる

2023年5月26日　初版第一刷発行

著　者　　ボス 松田
発行者　　宮下 晴樹
発　行　　つた書房株式会社
〒101-0025　東京都千代田区神田佐久間町3-21-5　ヒガシカンダビル3F
TEL. 03（6868）4254
発　売　　株式会社三省堂書店/創英社
〒101-0051　東京都千代田区神田神保町1-1
TEL. 03（3291）2295
印刷／製本　モリモト印刷株式会社

ISBN978-4-905084-68-6